KB158305

개정판

기내에서 바로 쓰는

항공 서비스 실무 일본어

김정현, 시미즈 리카 저

시사일본어사

머리말

항공 객실승무원(이하 승무원)은 다양한 지식과 투철한 책임감, 건강한 체력을 겸비한 전문 직업인입니다. 이러한 승무원이 글로벌 시대에 갖추어야 할 핵심적인 역량은 세계 여러 나라 사람들과 원활하게 소통하는 능력이라고 할 수 있습니다.

저자는 12년간의 비행 생활 동안 현장의 승무원들이 일본인 승객을 응대하며 난관에 부딪혔던 다양한 사례를 보았습니다. 좀처럼 화를 내지 않는 일본인 승객의 불만을 야기하는 원인은 크게 두 가지였습니다.

첫 번째는 일본인 승객 응대를 위한 준비 부족입니다. 국내 항공사에 입사하면 신입 승무원 서비스 교육 기간 동안 소정의 일본어 교육을 이수하게 됩니다. 단기간 내에 집중 암기하다 보니 잘못된 표현으로 오해가 발생하여 소통에 불편함을 겪는 경우가 있었습니다. 놀라운 것은 일본어 학습 경험이 있는 승무원의 컴플레인 발생 빈도가 높았는데 이는 일상적인 언어로 긴장감 없이 고객을 응대했기 때문입니다. 항공사를 대표하는 승무원은 승객에게 존경을 표하는 일본어의 경어(敬語)를 정확하게 사용할 수 있어야 합니다.

두 번째는 일본인 승객을 응대하는 태도입니다. 일본인은 타인에게 조금이라도 불편을 끼치는 행동을 굉장한 폐(迷惑 : めいわく)라고 생각하기 때문에 사소한 옷깃의 스침에도 정중하게 사과하고 다른 사람을 번거롭게 하거나 상처를 주게 되는 표현은 가급적 피하는 것이 일반적입니다. 따라서 일본인 승객은 승무원의 습관적인 언행에 무안을 느끼고 언짢게 생각하더라도 겉으로 잘 내색하지 않습니다. 그런 승객의 마음을 이해하지 못하고 비슷한 상황을 반복하다 보면 결국 그날의 서비스는 물거품이 되어 버립니다. 탁월한 의사소통 능력을 지닌 승무원은 승객 한 분 한 분을 소중히 여기며 마음을 헤아려 서비스할 수 있어야 합니다.

본 교재는 국내 대학의 항공 서비스 관련 학과 학생들과 국내외 항공사의 승무원이 되고자 준비하는 학습자들, 그리고 현재 항공사에서 근무하며 일본인 승객을 응대하는데 어려움이 있는 현장의 승무원들을 위한 항공 서비스 일본어 학습서입니다.

일본어를 처음 공부하는 학습자도 쉽게 읽을 수 있도록 단어마다 후리가나(ふりがな : 일본어 독음)와 띄어쓰기를 반영하였습니다. 또한 경어의 단계별 반복 학습을 통해 누구나 자신 있게 일본인 승객을 응대할 수 있도록 구성하였습니다.

아무쪼록 본 교재를 충분히 활용하여 여러분의 꿈을 이루고, 보다 경쟁력 있는 프로 승무원이 되시기를 기대하고 응원하겠습니다.

저자 김정현, 시미즈 리카

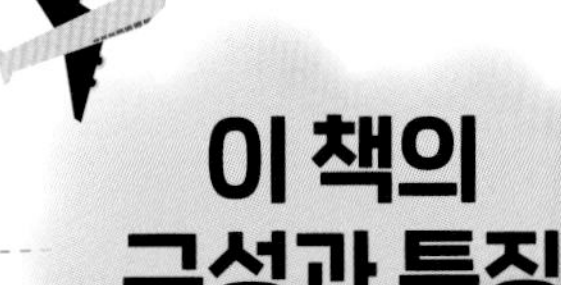

이 책의 구성과 특징

● 주요 학습 안내

각 과에서 배울 내용에 대해 간단히 살펴봅니다. QR코드를 통해 해당 과의 원어민 음성을 간편하게 들어볼 수 있습니다.

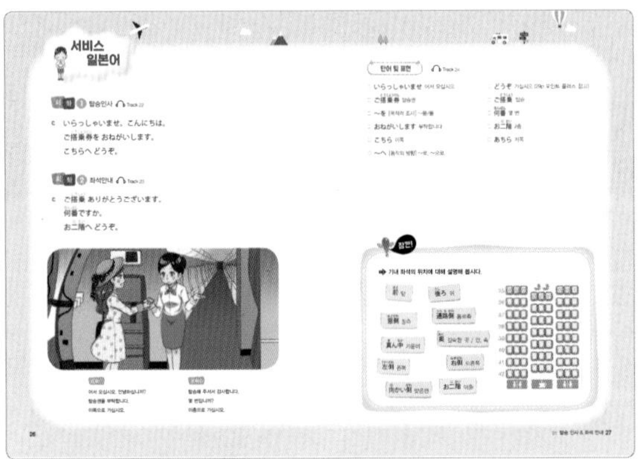

● 서비스 일본어

비행 근무 절차에 따른 다양한 상황에 대한 고객 응대 대화법을 살펴보고 각 과에 사용된 단어 및 표현을 정리하여 편리하게 학습할 수 있도록 구성하였습니다.

● 문법 포인트 & 포인트 플러스

회화에 쓰인 문법 및 표현에 대한 구체적인 설명과 추가적으로 알면 좋은 포인트를 제시하여 심도 있는 학습이 가능하도록 구성하였습니다.

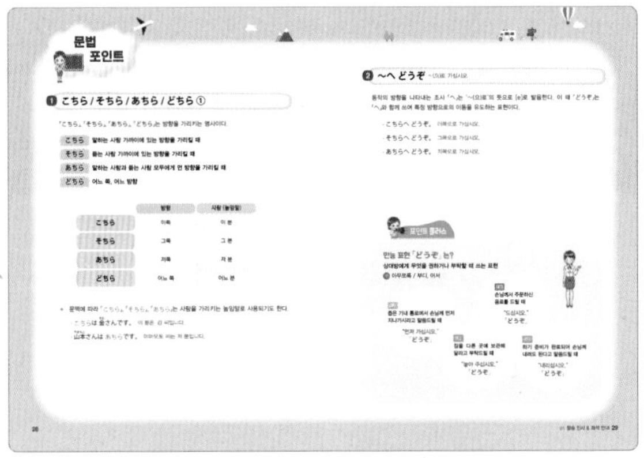

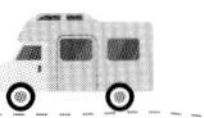

● 연습문제

객실 서비스에 꼭 필요한 표현을 정리하여 다시 한번 스스로 확인하고 다질 수 있도록 구성하였습니다.

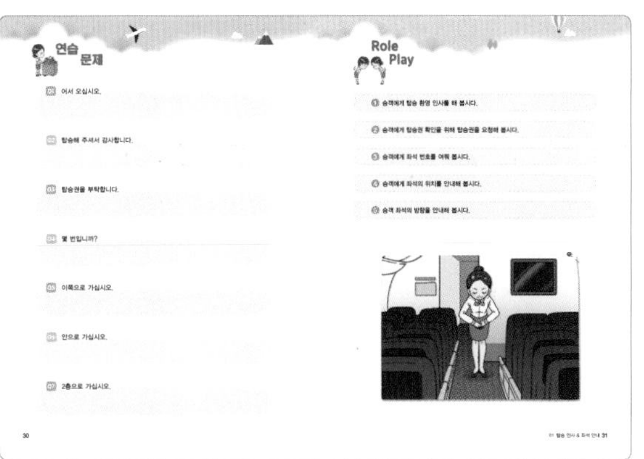

연습 문제

01 어서 오십시오.

02 탑승해 주셔서 감사합니다.

03 탑승권을 부탁합니다.

04 몇 번입니까?

05 이쪽으로 가십시오.

06 안으로 가십시오.

07 2층으로 가십시오.

Role Play

1 승객에게 탑승 환영 인사를 해 봅시다.

2 승객에게 탑승권 확인을 위해 탑승권을 요청해 봅시다.

3 승객에게 좌석 번호를 여쭤 봅시다.

4 승객에게 좌석의 위치를 안내해 봅시다.

5 승객 좌석의 방향을 안내해 봅시다.

● Role Play

Role Play 활동을 통해 기내 상황에 맞는 동작과 표현으로 서비스해 보면서 항공서비스와 일본어를 함께 몸에 익힐 수 있습니다.

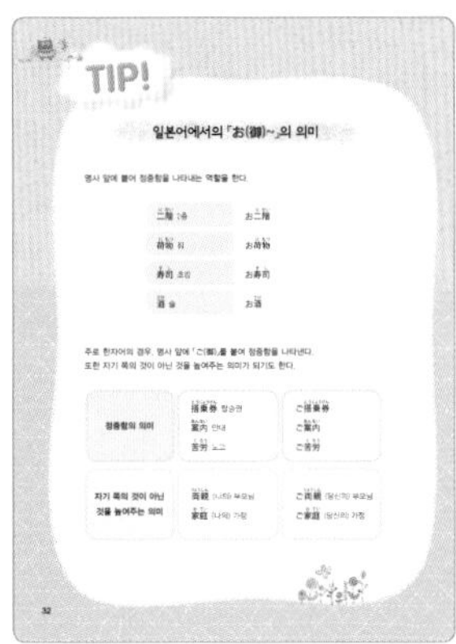

TIP!

일본어에서의「お(御)~」의 의미

● TIP

알아두면 좋은 일본어 표현, 서비스, 항공상식 등을 제시해 재미있게 일본어와 항공 서비스를 이해할 수 있습니다.

● 쓰기노트 + 연습문제

히라가나와 가타카나를 써 보며 익힐 수 있는 쓰기노트와 반복 학습을 위한 연습문제를 실은 워크북을 제공합니다.

● QR코드 음성 및 무료 MP3 다운로드

각 과의 첫 페이지에서 QR코드를 통해 간편하게 음성을 확인할 수 있으며, 시사일본어사 홈페이지(www.sisabooks.com)에서 무료 MP3를 다운로드 할 수 있습니다.

전체 음성 듣기

목차

PART 2 국제선 Service 편 (国際線サービス編)

학습 구성

한 학기 과정

주	내용	주	내용
1주	Unit00 문자와 발음	9주	Unit06 음료 서비스
2주	Unit01 탑승안내 & 좌석안내	10주	Unit10 식사 서비스
3주	Unit08 좌석번호 & 짐 보관 안내	11주	Unit11 와인 & 차 서비스
4주	Unit02 기내 시설 안내	12주	Unit12 입국서류
5주	Unit03 자기 소개	13주	Unit13 기내판매
6주	Unit04 Ground 서비스	14주	Unit07 하기 인사
7주	Unit05 이륙 준비	15주	Unit14 시간 & 시차 안내
8주	Unit09 이륙 후 서비스		Unit15 환자 & 어린이 승객 응대

1년 과정

구분	주	내용	구분	주	내용
국내선	1주, 2주	Unit00 문자와 발음	국제선	16주, 17주	Unit08 좌석번호 & 짐 보관 안내 Unit09 이륙 후 서비스
	3주	Unit01 탑승안내 & 좌석안내		18주	
	4주, 5주	Unit02 기내 시설 안내		19주, 20주	Unit10 식사 서비스
	6주, 7주	Unit03 자기 소개		21주, 22주	Unit11 와인 & 차 서비스
	8주, 9주	Unit04 Ground 서비스		23주, 24주	Unit12 입국서류
	10주, 11주	Unit05 이륙 준비		25주, 26주	Unit13 기내판매
	12주, 13주	Unit06 음료 서비스		27주, 28주	Unit14 시간 & 시차 안내
	14주, 15주	Unit07 하기 인사		29주, 30주	Unit15 환자 & 어린이 승객 응대

UNIT 00

문자와 발음

음성 듣기

주요 학습 내용

- 히라가나와 가타카나 (청음 · 탁음 · 반탁음 · 요음)
- 이 외의 발음 (장음 · 발음 · 촉음 · 악센트 · 억양)

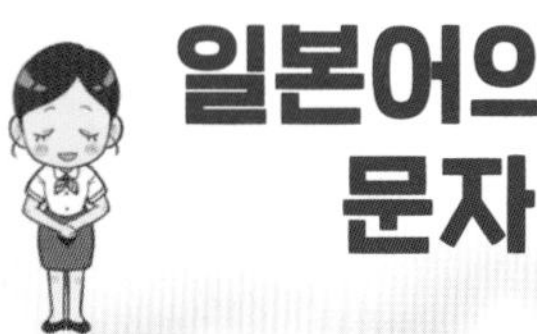

일본어의 문자

일본어의 문자는 히라가나, 가타카나, 한자, 로마자 총 4가지로 구성되어 있으며, 각각 다음과 같다.

히라가나(ひらがな)	조사 및 동사나 형용사의 활용 어미를 표기
가타카나(かたかな)	외래어와 의성어, 의태어, 동 · 식물의 이름, 전문용어, 강조의 표현
한자(漢字)	문장의 실질적인 의미를 나타내는 대부분의 표현
로마자(ローマ字)	도로, 역 표지판 등 외국인을 위한 안내를 로마자(알파벳)로 표기

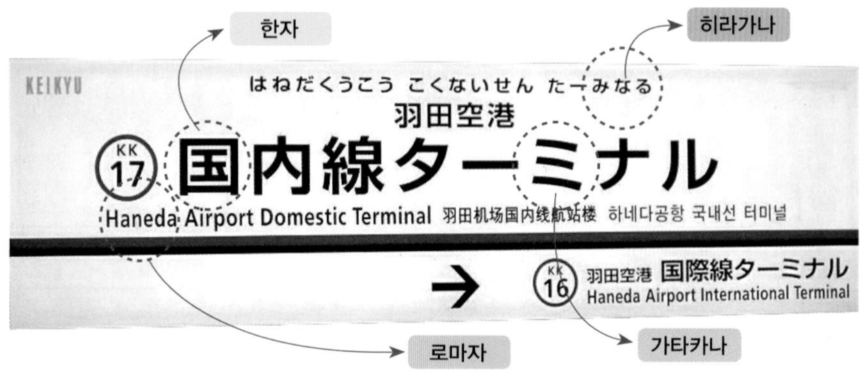

일본어의 한자 읽기는 음으로 읽는 방법인 음독(音読)과 뜻으로 읽는 방법인 훈독(訓読)이 있다. 한자어의 약 80%는 음독으로 읽히므로 암기가 가능하나, 훈독으로 읽히는 단어들은 그때그때 외워야 하므로 외국인이 일본어를 학습하는데 있어 가장 어려움을 느끼는 부분이라고 할 수 있다.

일본어 한자 읽는 방법

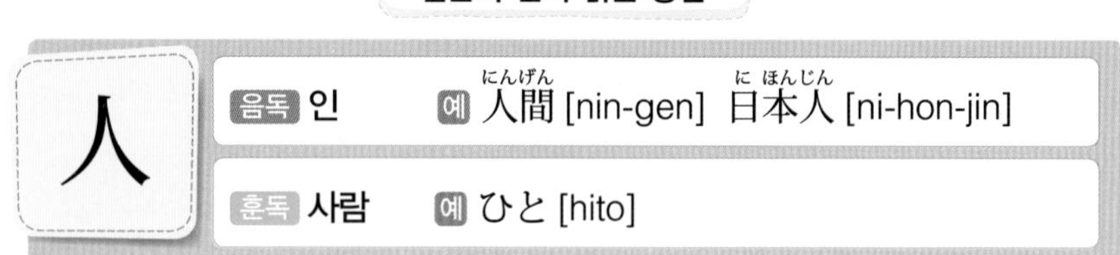

히라가나

1. 청음(清音) Track 01

	あ단	い단	う단	え단	お단
あ행	あ [a]	い [i]	う [u]	え [e]	お [o]
か행	か [ka]	き [ki]	く [ku]	け [ke]	こ [ko]
さ행	さ [sa]	し [shi]	す [su]	せ [se]	そ [so]
た행	た [ta]	ち [chi]	つ [tsu]	て [te]	と [to]
な행	な [na]	に [ni]	ぬ [nu]	ね [ne]	の [no]
は행	は [ha]	ひ [hi]	ふ [hu]	へ [he]	ほ [ho]
ま행	ま [ma]	み [mi]	む [mu]	め [me]	も [mo]
や행	や [ya]		ゆ [yu]		よ [yo]
ら행	ら [ra]	り [ri]	る [ru]	れ [re]	ろ [ro]
わ행	わ [wa]				を [o]
	ん [n]				

2. 탁음(濁音) Track 02

청음의 오른쪽 상단에 탁점「゛」을 붙여 자음이 [k]→[g] / [s]→[z] / [t]→[d] / [h]→[b]로 바뀌어 성대의 진동을 동반한 소리가 된다.

탁점「゛」	a	i	u	e	o
k→g	が [ga]	ぎ [gi]	ぐ [gu]	げ [ge]	ご [go]
s→z	ざ [za]	じ [ji]	ず [zu]	ぜ [ze]	ぞ [zo]
t→d	だ [da]	ぢ [ji]	づ [zu]	で [de]	ど [do]
h→b	ば [ba]	び [bi]	ぶ [bu]	べ [be]	ぼ [bo]

3. 반탁음(半濁音) Track 03

청음의 오른쪽 상단에 반탁점「゜」을 붙여 자음이 [h]→[p]로 변화한다.

반탁점「゜」	a	i	u	e	o
h→p	ぱ [pa]	ぴ [pi]	ぷ [pu]	ぺ [pe]	ぽ [po]

4. 요음(拗音)

요음은 「い」단 뒤에 「や·ゆ·よ」를 보통 글자의 1/4 크기로 붙여 우리말의 이중모음 [ㅑ·ㅠ·ㅛ]와 같은 소리를 표현한다. 읽을 때는 반드시 한 음절처럼 한 박자로 발음해야 한다.

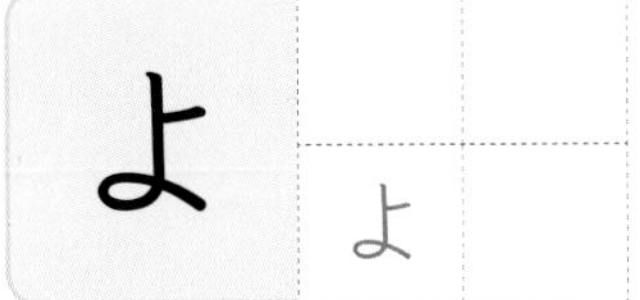

Track 04

요음 / い단	や [ya]	ゆ [yu]	よ [yo]
き [k]	きゃ [kya]	きゅ [kyu]	きょ [kyo]
し [s → sh]	しゃ [sha]	しゅ [shu]	しょ [sho]
ち [t → ch]	ちゃ [cha]	ちゅ [chu]	ちょ [cho]
に [n]	にゃ [nya]	にゅ [nyu]	にょ [nyo]
ひ [h]	ひゃ [hya]	ひゅ [hyu]	ひょ [hyo]
み [m]	みゃ [mya]	みゅ [myu]	みょ [myo]
り [r]	りゃ [rya]	りゅ [ryu]	りょ [ryo]

Track 05

요음 / い단	や [ya]	ゆ [yu]	よ [yo]
ぎ [g]	ぎゃ [gya]	ぎゅ [gyu]	ぎょ [gyo]
じ [j]	じゃ [ja]	じゅ [ju]	じょ [jo]
び [b]	びゃ [bya]	びゅ [byu]	びょ [byo]
ぴ [p]	ぴゃ [pya]	ぴゅ [pyu]	ぴょ [pyo]

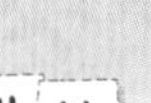

잘 듣고 써 봅시다. Track 06

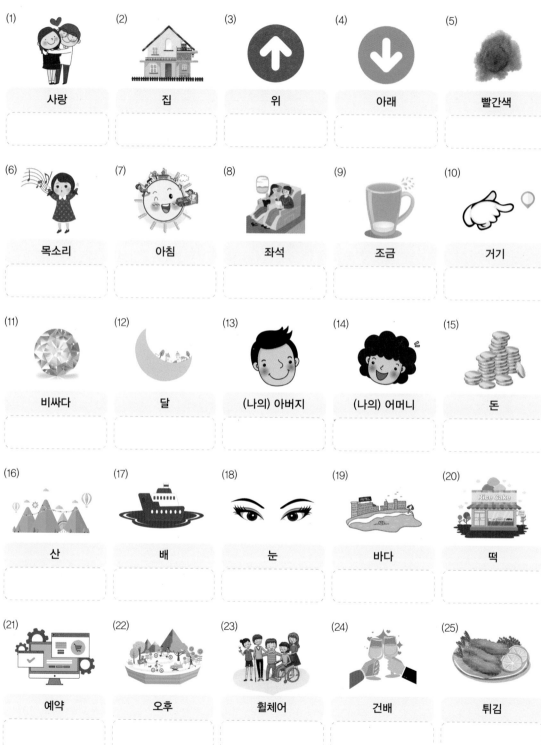

(1) 사랑
(2) 집
(3) 위
(4) 아래
(5) 빨간색
(6) 목소리
(7) 아침
(8) 좌석
(9) 조금
(10) 거기
(11) 비싸다
(12) 달
(13) (나의) 아버지
(14) (나의) 어머니
(15) 돈
(16) 산
(17) 배
(18) 눈
(19) 바다
(20) 떡
(21) 예약
(22) 오후
(23) 휠체어
(24) 건배
(25) 튀김

1. 청음(清音) Track 07

	ア단	イ단	ウ단	エ단	オ단
ア행	ア [a]	イ [i]	ウ [u]	エ [e]	オ [o]
カ행	カ [ka]	キ [ki]	ク [ku]	ケ [ke]	コ [ko]
サ행	サ [sa]	シ [shi]	ス [su]	セ [se]	ソ [so]
タ행	タ [ta]	チ [chi]	ツ [tsu]	テ [te]	ト [to]
ナ행	ナ [na]	ニ [ni]	ヌ [nu]	ネ [ne]	ノ [no]
ハ행	ハ [ha]	ヒ [hi]	フ [hu]	ヘ [he]	ホ [ho]
マ행	マ [ma]	ミ [mi]	ム [mu]	メ [me]	モ [mo]
ヤ행	ヤ [ya]		ユ [yu]		ヨ [yo]
ラ행	ラ [ra]	リ [ri]	ル [ru]	レ [re]	ロ [ro]
ワ행	ワ [wa]				ヲ [o]
	ン [n]				

2. 탁음(濁音) Track 08

청음의 오른쪽 상단에 탁점「 ゛」을 붙여 자음이 [k]→[g] / [s]→[z] / [t]→[d] / [h]→[b]로 바뀌어 성대의 진동을 동반한 소리다 된다.

탁점「゛」	a	i	u	e	o
k→g	ガ [ga]	ギ [gi]	グ [gu]	ゲ [ge]	ゴ [go]
s→z	ザ [za]	ジ [ji]	ズ [zu]	ゼ [ze]	ゾ [zo]
t→d	ダ [da]	ヂ [ji]	ヅ [zu]	デ [de]	ド [do]
h→b	バ [ba]	ビ [bi]	ブ [bu]	ベ [be]	ボ [bo]

3. 반탁음(半濁音) Track 09

청음의 오른쪽 상단에 반탁점「°」을 붙여 자음이 [h]→[p]로 변화한다.

반탁점「°」	a	i	u	e	o
h→p	パ [pa]	ピ [pi]	プ [pu]	ペ [pe]	ポ [po]

4. 요음(拗音)

요음은 「イ」단 뒤에 「ャ·ュ·ョ」를 보통 글자의 1/4 크기로 붙여 우리말의 이중모음 [ㅑ·ㅠ·ㅛ]와 같은 소리를 표현한다. 읽을 때는 반드시 한 음절처럼 한 박자로 발음해야 한다.

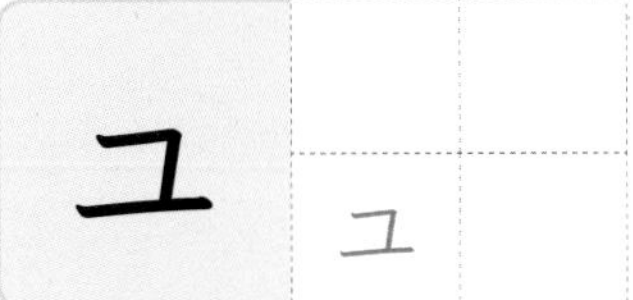

Track 10

い단 \ 요음	ャ [ya]	ュ [yu]	ョ [yo]
キ [k]	キャ [kya]	キュ [kyu]	キョ [kyo]
シ [s → sh]	シャ [sha]	シュ [shu]	ショ [sho]
チ [t → ch]	チャ [cha]	チュ [chu]	チョ [cho]
ニ [n]	ニャ [nya]	ニュ [nyu]	ニョ [nyo]
ヒ [h]	ヒャ [hya]	ヒュ [hyu]	ヒョ [hyo]
ミ [m]	ミャ [mya]	ミュ [myu]	ミョ [myo]
リ [r]	リャ [rya]	リュ [ryu]	リョ [ryo]

Track 11

い단 \ 요음	ャ [ya]	ュ [yu]	ョ [yo]
ギ [g]	ギャ [gya]	ギュ [gyu]	ギョ [gyo]
ジ [j]	ジャ [ja]	ジュ [ju]	ジョ [jo]
ビ [b]	ビャ [bya]	ビュ [byu]	ビョ [byo]
ピ [p]	ピャ [pya]	ピュ [pyu]	ピョ [pyo]

잘 듣고 올바른 글자를 넣어봅시다. Track 12

(1) Flight 비행 — □ライト (フ・ワ)

(2) Wine 와인 — □イン (ウ・ワ)

(3) Number 번호 — □ンバー (ナ・メ)

(4) Seoul 서울 — □ウル (ソ・ン)

(5) Seatbelt 좌석벨트 — □ートベルト (シ・ツ)

(6) Chicken 치킨 — □キン (チ・テ)

(7) Apple 사과 — □ップル (ア・マ)

(8) Convenience store 편의점 — □ンビニ (コ・ユ)

(9) Arbeit 아르바이트 — □イト (バ・ベ)

(10) Animation 애니메이션 — ア□メ (エ・ニ)

나의 이름은 일본어로 어떻게 표기하나요?

男	女
지훈(ジフン)	유진(ユジン)
동현(ドンヒョン)	민지(ミンジ)
현우(ヒョヌ)	지은(ジウン)
준영(ジュニョン)	지현(ジヒョン)
재현(ジェヒョン)	지원(ジウォン)
성민(ソンミン)	수진(スジン)
성현(ソンヒョン)	지혜(ジヘ)
승현(スンヒョン)	은지(ウンジ)
준호(ジュンホ)	수빈(スビン)
민수(ミンス)	지영(ジヨン)

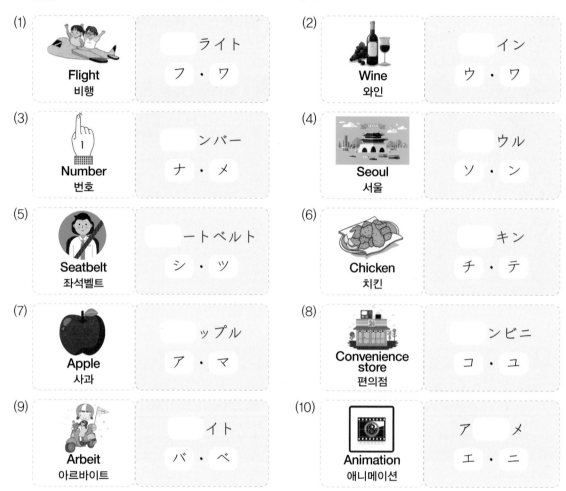

キム·ヨナ選手のフリー
3ルッツ+3トールー

パク◦ボゴム
Guest: Park BoGum

ペ·ヨンジュン
Brand

* 외국인의 이름은 カタカナ로 표기합니다.
나의 이름을 カタカナ로 써 봅시다.

이 외의 발음

1. 장음(長音)

장음을 읽을 때는 앞의 모음을 한 박자 더 길게 발음해야 한다. 일본어에서는 장음의 박자를 지키지 않으면 단어의 의미가 달라지므로 말할 때 각별히 신경 써야 한다.

1) 같은 단의 모음이 연속된 장음 : a + a, i + i, u + u, e + e, o + o Track 13

2) 다른 모음이 연속된 장음 : e + i, o + u Track 14

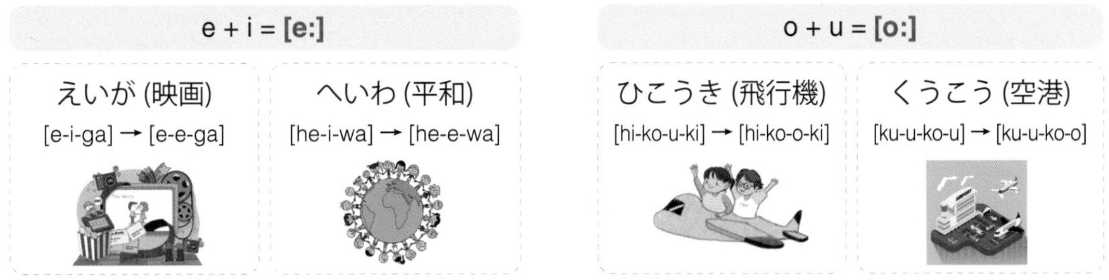

e + i = [e:]
o + u = [o:]
えいが (映画)
[e-i-ga] → [e-e-ga]
へいわ (平和)
[he-i-wa] → [he-e-wa]
ひこうき (飛行機)
[hi-ko-u-ki] → [hi-ko-o-ki]
くうこう (空港)
[ku-u-ko-u] → [ku-u-ko-o]

3) 가타카나의 장음 표기 Track 15

가타카나의 장음은 장음 기호「ー」를 사용한다.

카드(card)
カード

택시(taxi)
タクシー

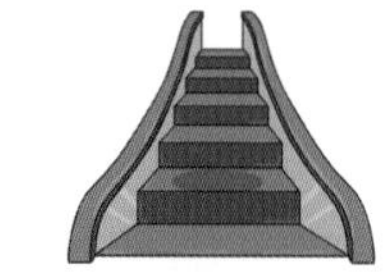

에스컬레이터(escalator)
エスカレーター

2. 발음(撥音) Track 16

일본어에서「ん」는 우리말의 받침 [ㄴ·ㅁ·ㅇ]의 역할을 한다.「ん」 뒤에 오는 음에 따라 발음하기 쉬운 음으로 달라지며,「ん」은 1박의 길이를 가진 음이므로 우리말의 받침처럼 짧게 소리내지 않는다.「ん」의 한 박자를 잘 지켜야만 보다 자연스러운 일본어의 어감을 살릴 수 있다.

1) ん 뒤에 [た·だ·な·ら] 행이 올 때 ➡ [ㄴ]

うんてん(運転) 운전　あんない(案内) 안내　べんり(便利) 편리

2) ん 뒤에 [ば·ぱ·ま] 행이 올 때 ➡ [ㅁ]

はんばい(販売) 판매　しんぱい(心配) 근심, 걱정　さんまい(三枚) 석 장

3) ん 뒤에 [か·が] 행이 올 때 ➡ [ㅇ]

かんこく(韓国) 한국　にほんご(日本語) 일본어

3. 촉음(促音) Track 17

촉음은 「つ」를 보통 글자의 1/4 크기로 표기하여 뒤에 오는 음을 된소리로 나게 하는 기능을 갖는다. 「か·さ·た·ぱ」 행의 앞에 와서 우리말의 받침 [ㄱ·ㅅ·ㄷ·ㅂ] 의 역할을 하며, 반드시 한 음절 길이만큼의 박자를 쉬어야 한다.

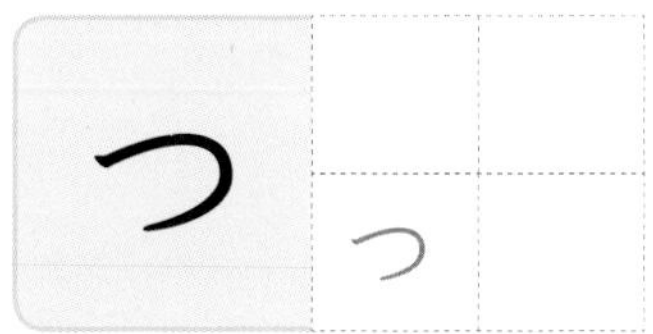

1) 「か」 행 앞에 올 때 ➡ **[ㄱ] 받침**

いっかい(一階) 1층　いっきに(一気に) 단숨에

2) 「さ」 행 앞에 올 때 ➡ **[ㅅ] 받침**

ざっし(雑誌) 잡지　いっしょに(一緒に) 같이, 함께

3) 「た」 행 앞에 올 때 ➡ **[ㄷ] 받침**

きって(切手) 우표　おっと(夫) 남편

4) 「ぱ」 행 앞에 올 때 ➡ **[ㅂ] 받침**

いっぱい(一杯) 한잔　いっぷん(一分) 1분

4. 억양(イントネーション) Track 18

일본어 단어에서는 영어와 같은 강약의 악센트는 없고 억양의 높낮이 변화가 있다. 억양에 따라 단어의 뜻이 달라질 수 있으므로 유의해야 한다.

なまえ(名前) 이름　きない(機内) 기내　くうこう(空港) 공항　ひこうき(飛行機) 비행기

あめ(雨) 비 vs あめ(飴) 사탕　　はな(花) 꽃 vs はな(鼻) 코

PART 1

국내선 서비스

(国内線サービス編)

알고 갑시다!

기본 접객 일본어 표현 10 Track 19

① いらっしゃいませ。어서 오십시오.

② ありがとうございます。감사합니다.

③ しつれいいたします。실례합니다.

④ もうしわけございません。죄송합니다.

⑤ おてつだいいたしましょうか。도와드릴까요?

⑥ だいじょうぶです。괜찮습니다.

⑦ はい、かしこまりました。네, 알겠습니다.

⑧ すこし おまちください。조금 기다려 주십시오.

⑨ おまたせいたしました。기다려 주셔서 감사합니다.

⑩ どうぞ ごゆっくり。맛있게 드십시오. / 편안한 시간 보내십시오.

일상 일본어 회화 표현 10 Track 20

① いただきます。잘 먹겠습니다.

② ごちそうさま。잘 먹었습니다.

③ いってきます。다녀오겠습니다.

④ いってらっしゃい。잘 갔다와. / 잘 다녀오세요.

⑤ ただいま。다녀왔습니다.

⑥ おかえりなさい。어서 와. / 잘 다녀오셨어요.('다녀왔습니다'의 응답 표현)

⑦ すみません。실례합니다. / 미안합니다. (가벼운 사과)

⑧ おねがいします。부탁합니다.

⑨ ちょっと まって。잠깐만 기다려.

⑩ おやすみなさい。안녕히 주무세요.

UNIT 01

탑승 인사 & 좌석 안내

음성 듣기

주요 학습 내용

- こちら / そちら / あちら / どちら ①
- ～へ どうぞ

서비스 일본어

회화 1 탑승인사 Track 21

c いらっしゃいませ。こんにちは。

ご搭乗券(とうじょうけん)を おねがいします。

こちらへ どうぞ。

회화 2 좌석안내 Track 22

c ご搭乗(とうじょう) ありがとうございます。

何番(なんばん)ですか。

お二階(にかい)へ どうぞ。

회화①

어서 오십시오. 안녕하십니까?

탑승권을 부탁합니다.

이쪽으로 가십시오.

회화②

탑승해 주셔서 감사합니다.

몇 번입니까?

이층으로 가십시오.

단어 및 표현

Track 23

- いらっしゃいませ 어서 오십시오
- ご搭乗券(とうじょうけん) 탑승권
- ~を [목적격 조사] ~을/를
- おねがいします 부탁합니다
- こちら 이쪽
- ~へ [동작의 방향] ~로, ~으로
- どうぞ 가십시오 (29p 포인트 플러스 참고)
- ご搭乗(とうじょう) 탑승
- 何番(なんばん) 몇 번
- お二階(にかい) 2층
- あちら 저쪽

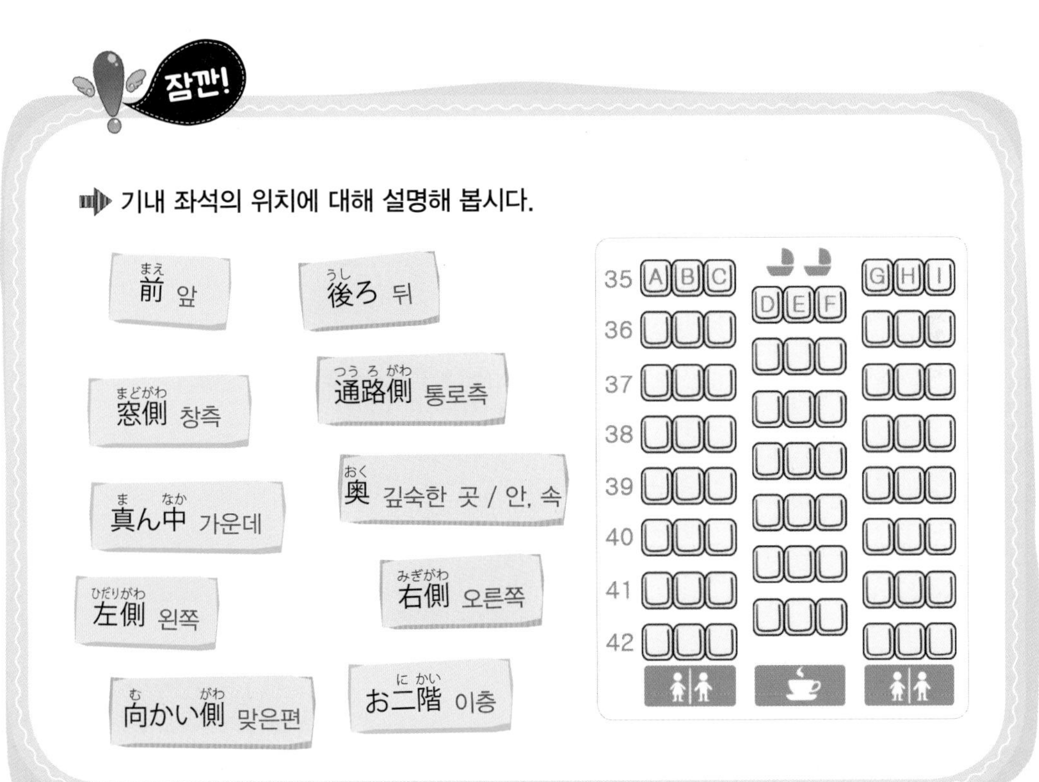

잠깐!
기내 좌석의 위치에 대해 설명해 봅시다.
前(まえ) 앞
後ろ(うしろ) 뒤
窓側(まどがわ) 창측
通路側(つうろがわ) 통로측
真ん中(まんなか) 가운데
奥(おく) 깊숙한 곳 / 안, 속
左側(ひだりがわ) 왼쪽
右側(みぎがわ) 오른쪽
向かい側(むかいがわ) 맞은편
お二階(にかい) 이층
35 36 37 38 39 40 41 42
A B C D E F G H I

문법 포인트

1 こちら / そちら / あちら / どちら ①

「こちら」, 「そちら」, 「あちら」, 「どちら」는 방향을 가리키는 명사이다.

こちら 말하는 사람 가까이에 있는 방향을 가리킬 때

そちら 듣는 사람 가까이에 있는 방향을 가리킬 때

あちら 말하는 사람과 듣는 사람 모두에게 먼 방향을 가리킬 때

どちら 어느 쪽, 어느 방향

	방향	사람 (높임말)
こちら	이쪽	이 분
そちら	그쪽	그 분
あちら	저쪽	저 분
どちら	어느 쪽	어느 분

◆ 문맥에 따라 「こちら」, 「そちら」, 「あちら」는 사람을 가리키는 높임말로 사용되기도 한다.

- こちらは金(きむ)さんです。 이 분은 김 씨입니다.
- 山本(やまもと)さんはあちらです。 야마모토 씨는 저 분입니다.

2 ~へ どうぞ ~(으)로 가십시오

동작의 방향을 나타내는 조사 「へ」는 '~(으)로'의 뜻으로 [e]로 발음한다. 이 때 「どうぞ」는 「へ」와 함께 쓰여 특정 방향으로의 이동을 유도하는 표현이다.

- こちらへ どうぞ。 이쪽으로 가십시오.
- そちらへ どうぞ。 그쪽으로 가십시오.
- あちらへ どうぞ。 저쪽으로 가십시오.

만능 표현 「どうぞ」는?

상대방에게 무엇을 권하거나 부탁할 때 쓰는 표현

뜻 아무쪼록 / 부디, 어서

예1
좁은 기내 통로에서 손님께 먼저 지나가시라고 말씀드릴 때

"먼저 가십시오."
「どうぞ」

예2
짐을 다른 곳에 보관해 달라고 부탁드릴 때

"놓아 주십시오."
「どうぞ」

예3
손님께서 주문하신 음료를 드릴 때

"드십시오."
「どうぞ」

예4
하기 준비가 완료되어 손님께 내려도 된다고 말씀드릴 때

"내리십시오."
「どうぞ」

연습 문제

01 어서 오십시오.

02 탑승해 주셔서 감사합니다.

03 탑승권을 부탁합니다.

04 몇 번입니까?

05 이쪽으로 가십시오.

06 안으로 가십시오.

07 2층으로 가십시오.

Role Play

1 승객에게 탑승 환영 인사를 해 봅시다.

2 승객에게 탑승권 확인을 위해 탑승권을 요청해 봅시다.

3 승객에게 좌석 번호를 여쭤 봅시다.

4 승객에게 좌석의 위치를 안내해 봅시다.

5 승객 좌석의 방향을 안내해 봅시다.

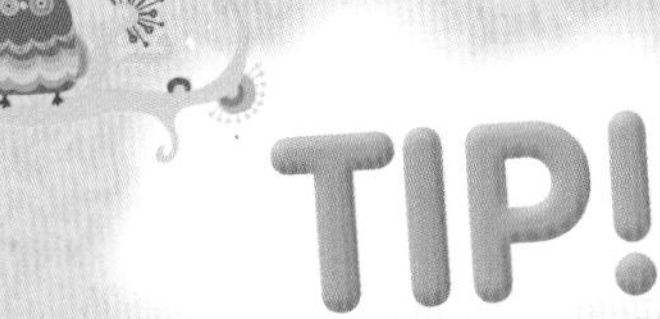

TIP!

일본어에서의 「お(御)~」의 의미

명사 앞에 붙어 정중함을 나타내는 역할을 한다.

二階(にかい) 2층	お二階(にかい)
荷物(にもつ) 짐	お荷物(にもつ)
寿司(すし) 초밥	お寿司(すし)
酒(さけ) 술	お酒(さけ)

주로 한자어의 경우, 명사 앞에 「ご(御)」를 붙여 정중함을 나타낸다.
또한 자기 쪽의 것이 아닌 것을 높여주는 의미가 되기도 한다.

정중함의 의미	搭乗券(とうじょうけん) 탑승권 案内(あんない) 안내 苦労(くろう) 노고	ご搭乗券(とうじょうけん) ご案内(あんない) ご苦労(くろう)
자기 쪽의 것이 아닌 것을 높여주는 의미	両親(りょうしん) (나의) 부모님 家庭(かてい) (나의) 가정	ご両親(りょうしん) (당신의) 부모님 ご家庭(かてい) (당신의) 가정

UNIT 02

기내 시설 안내

음성 듣기

주요 학습 내용

- こちら / そちら / あちら / どちら ②
- Aは Bです
- Aは Bですか
- Aの B
- おねがいいたします

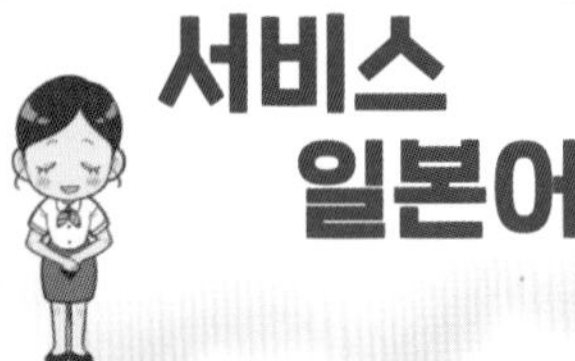

회화 1 비상구 안내 Track 24

C　お客(きゃく)さまの お荷物(にもつ)ですか。

P　はい。

C　おそれいりますが、こちらは 非常口(ひじょうぐち)です。
お荷物(にもつ)は こちらに おねがいいたします。

회화 2 화장실 안내 Track 25

P　あの、お手洗(てあら)いは どこですか。

C　お手洗(てあら)いは あちらです。
ご案内(あんない)いたします。

회화①

손님의 짐입니까?
네.
실례지만, 여기는 비상구입니다.
짐은 여기에 부탁합니다.

회화②

저, 화장실은 어디입니까?
화장실은 저기입니다.
안내해 드리겠습니다.

단어 및 표현

Track 26

- お客(きゃく)さま 손님
- ～の [조사] ~의 / ~의 것
- お荷物(にもつ) 짐
- ～ですか ~입니까
- おそれいりますが 실례지만, 송구스럽지만
- ～は [조사] ~은 / ~는
- 非常口(ひじょうぐち) 비상구
- ～に [조사] ~에
- おねがいいたします 부탁합니다
- あの 저
- お手洗(てあら)い 화장실
- どこ 어디
- ご案内(あんない)いたします 안내해 드리겠습니다

おそれいりますが

「おそれいりますが……」는 상대방을 번거롭게 해서 죄송한 마음이 담겨 있는 '실례합니다만……'의 뜻으로, 다음과 같은 경우에 사용한다.

- 승객이 짐을 정리한 자리가 비상구여서 짐을 옮기기를 요청 드릴 때
- 이착륙 관계로 주무시는 승객을 깨워 좌석 등받이를 제자리로 되돌리도록 부탁 드릴 때

※ 어떤 잘못이나 실수를 했을 때는 죄송하다는 뜻으로 「もうしわけございません」이라는 정중한 사과의 표현을 쓴다.

일본인 승객의 말을 잘 알아듣지 못할 때

C もうしわけございません。
日本語(にほんご)は よく わかりません。

죄송합니다.
일본어는 잘 못합니다(모릅니다).

문법 포인트

1 こちら / そちら / あちら / どちら ②

「こちら」「そちら」「あちら」「どちら」는 방향을 가리키는 것 외에 장소의 높임말로도 쓰인다.

こちら **말하는 사람 가까이에 있는 장소를 높여서 이야기할 때**

そちら **듣는 사람 가까이에 있는 장소를 높여서 이야기할 때**

あちら **말하는 사람과 듣는 사람 모두에게 먼 장소를 높여서 이야기할 때**

どちら **'어느 곳, 어디'의 높임말**

장소 (높임말)	장소 (예사말)	명사 수식
こちら 여기	ここ 여기	この 이
そちら 거기	そこ 거기	その 그
あちら 저기	あそこ 저기	あの 저
どちら 어디	どこ 어디	どの 어느

◆ 장소를 나타내는 예사말은「ここ」「そこ」「あそこ」「どこ」이다.

2 AはBです A는 B입니다

'~은(는)'의 의미를 나타내는 조사「は」는 다른 것과 구별할 때 사용하며 [wa]로 발음한다.

- こちらは 非常口(ひじょうぐち)です。 여기는 비상구입니다.
- お手洗(てあら)いは あちらです。 화장실은 저기(저쪽)입니다.

3 Aは Bですか A는 B입니까?

- トイレは どこですか。 화장실은 어디입니까?
- 非常口は どこですか。 비상구는 어디입니까?

4 Aの B A의 B

- お客さまの お荷物ですか。 손님의 짐입니까?
- お客さまの お座席は こちらです。 손님의 좌석은 여기입니다.

5 おねがいいたします 부탁드립니다

「おねがいいたします」는 승객에게 매우 정중하게 부탁할 때 사용하는 표현으로 '부탁'의 의미를 갖는 여러 동사를 대신하여 사용할 수 있다.

- お荷物は こちらに おねがいいたします。 짐은 이쪽에 부탁드립니다(=놓아 주십시오).
- お客さま、ご搭乗券を おねがいいたします。
  손님, 탑승권을 부탁드립니다(=보여 주십시오).

※ 명사를 대신하는「の」

일본어에서의「の」는 '~의 ~'라는 격조사로 쓰이는 경우 외에 '~의 것'이라는 대명사로 쓰이기도 한다. 이때「の」는 사물 명사 대신에 사용하며, 사람 명사 대신으로는 사용하지 않는다.

お客さまの お荷物ですか。 손님의 짐입니까?

⇨ お客さまのですか。 손님의 것입니까?

연습 문제

01 손님의 짐입니까?

02 실례지만 여기는 비상구입니다.

03 짐은 여기에 부탁드립니다.

04 화장실은 어디입니까?

05 화장실은 저기입니다.

06 안내해 드리겠습니다.

07 이것은 손님의 것입니까?

Role Play

❶ 승객에게 앞에 있는 짐이 승객의 것인지 여쭤봅시다.

❷ 승객이 짐을 놓으려는 자리가 비상구임을 안내해 봅시다.

❸ 승객에게 화장실의 위치를 안내해 봅시다.

❹ 승객의 입장이 되어 승무원에게 비상구의 위치를 물어봅시다.

❺ 승객의 입장이 되어 승무원에게 화장실의 위치를 물어봅시다.

TIP!

일본에서 쓰이는 다양한 "실례합니다"의 표현

일본 사람들은 다른 사람에게 폐를 끼치는 것을 매우 불편하게 생각합니다. 그런 만큼 생활 속에서 조금씩 다른 의미의 "실례합니다"라는 표현을 다양하게 사용하고 있습니다.

1) 失礼(しつれい)いたします。

실례합니다.

2) すみません。

① 실례합니다
ちょっと すみません。 잠시만 실례하겠습니다.

② 가벼운 사과
どうも すみません。 정말 미안합니다.

3) お邪魔(じゃま)します。

실례합니다. (남의 방에 들어가거나 집에 방문할 때)

* 邪魔(じゃま) 방해, 훼방

UNIT 03

자기 소개

음성 듣기

주요 학습 내용

- わたしは ○○○と もうします
- 인칭대명사
- Aは Bではありません
- ～ですね

회화 1 자기소개 Track 27

C ご搭乗(とうじょう) ありがとうございます。
わたしは 担当乗務員(たんとうじょうむいん)の キムと もうします。

P あ、はじめまして。山本(やまもと)です。
よろしく おねがいします。

C こちらこそ どうぞ よろしく おねがいいたします。
ごようの さいは ご遠慮(えんりょ)なく お知(し)らせください。

P 日本語(にほんご) 上手(じょうず)ですね。
あなたは 日本人(にほんじん)ですか。

C いいえ、わたしは 日本人(にほんじん)ではありません。韓国人(かんこくじん)です。

회화①

탑승해 주셔서 감사합니다.
저는 담당 승무원인 김이라고 합니다.
아, 처음 뵙겠습니다. 야마모토입니다.
잘 부탁합니다.
저야말로 잘 부탁드립니다.
도움이 필요하실 때는 언제든지 말씀해 주십시오.
일본어 잘하시네요.
당신은 일본 사람입니까?
아니요, 저는 일본 사람이 아닙니다.
한국 사람입니다.

단어 및 표현

- ご搭乗(とうじょう) 탑승
- ありがとうございます 감사합니다
- わたし 나, 저
- 担当乗務員(たんとうじょうむいん) 담당 승무원
- ～と もうします ～(이)라고 합니다
- よろしく おねがいします 잘 부탁합니다
- こちらこそ 저(희)야말로
- ごようの さいは 용건이 있을 때는
- ご遠慮(えんりょ)なく 주저하지 마시고
- お知(し)らせください 알려주십시오
- 日本語(にほんご) 일본어
- 上手(じょうず)です 잘합니다, 능숙합니다
- ～ね ～요, ～군요
- あなた 당신
- 日本人(にほんじん) 일본인, 일본 사람
- いいえ 아니요
- 韓国人(かんこくじん) 한국인, 한국 사람

문법 포인트

1 わたしは ○○○と もうします 저는 ~(이)라고 합니다

나를 다른 사람에게 정중히 소개할 때 사용하는 표현이다.

주어「わたしは」는 생략하는 경우가 많으며「○○○と もうします」를 쓸 경우,「○○です(~입니다)」라고 말할 때보다 한층 더 나를 낮추면서 상대방을 더욱 높여주는 의미가 된다.

2 인칭대명사

1인칭	私(わたし) 나, 저	わたくし 저 (「私(わたし)」보다 공손한 표현)
2인칭	きみ 너	あなた 당신
3인칭	彼(かれ) 그	彼女(かのじょ) 그녀
부정칭	だれ 누구	どなた 어느 분

3 Aは Bでは ありません A는 B가 아닙니다

- わたしは 日本人(にほんじん)では ありません。 저는 일본 사람이 아닙니다.
- わたしは 山本(やまもと)では ありません。 저는 야마모토가 아닙니다.
- これは わたしの 荷物(にもつ)では ありません。 이것은 제 짐이 아닙니다.

◆ 일상 생활(구어체)에서는「~では ありません」을「~じゃ ありません」으로 표현한다.

- わたしは 日本人(にほんじん)では ありません。⇨ わたしは 日本人(にほんじん)じゃ ありません。

4 ～ですね ～네요 ～군요

문장의 마지막 어미 「です」 뒤에 종조사 「～ね」를 붙이면 상대방에게 공감의 뜻을 표현하거나 친근함을 나타낸다.

- 日本語(にほんご) 上手(じょうず)ですね。 일본어 잘하시네요.
- すごいですね。 굉장하군요.
- そうですね。 그렇네요.

기내에서 일본인 승객을 호칭할 때는 이렇게 해요.

일본 이름의 구성		호칭
성	이름	성 + さま
羽生(はにゅう)	結弦(ゆづる)	羽生(はにゅう)さま
新垣(あらがき)	結衣(ゆい)	新垣(あらがき)さま

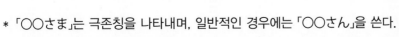

* 「○○さま」는 극존칭을 나타내며, 일반적인 경우에는 「○○さん」을 쓴다.

연습 문제

01 손님, 탑승 감사합니다.

02 저는 승무원 ○○○라고 합니다.

03 잘 부탁합니다.

04 저야말로 잘 부탁드립니다.

05 도움이 필요하실 때는 언제든지 말씀해 주십시오.

06 당신은 일본 사람입니까?

07 저는 한국 사람입니다.

Role Play

1. 승객에게 탑승에 대한 감사 인사를 해 봅시다.

2. 나의 담당구역에 있는 승객에게 나를 소개해 봅시다.

3. 나의 국적과 직업을 이야기해 봅시다.

4. 자기소개 글을 쓰고 발표해 봅시다.

TIP!

여러가지 직업 いろいろな お仕事(しごと)

医者(いしゃ)

의사

看護師(かんごし)

간호사

先生(せんせい)

선생님

会社員(かいしゃいん)

회사원

ガイド(がいど)

가이드

シェフ(しぇふ)

요리사

秘書(ひしょ)

비서

ホテリアー(ほてりあー)

호텔리어

乗務員(じょうむいん)

スチュワーデス(すちゅわ-です)

キャビンアテンダント(きゃびんあてんだんと)(CA)

승무원

UNIT 04

Ground 서비스

음성 듣기

주요 학습 내용

- ～が あります / ～が ございます
- はい、かしこまりました
- ～です / ～でございます

서비스 일본어

회화 1 신문 서비스 Track 29

P 日本(にほん)の 新聞(しんぶん) ありますか。

C もうしわけございません。
国内線(こくないせん)には 新聞(しんぶん)の サービス(さーびす)が ございません。

P そうですか。

C 日本語(にほんご)の 機内誌(きないし)は ございますが、いかがですか。

P はい、ありがとう。

회화 2 담요 서비스 Track 30

P すみません、毛布(もうふ) おねがいします。

C はい、かしこまりました。

……………

C お客(きゃく)さま、お待(ま)たせいたしました。
毛布(もうふ)でございます。

P ありがとう。

회화①

일본 신문 있습니까?
죄송합니다.
국내선에는 신문 서비스가 없습니다.
그렇군요.
일본어 기내지는 있습니다만, 어떻습니까?
네, 고마워요.

회화②

실례합니다. 담요 부탁합니다.
네, 알겠습니다.

……………

손님, 기다려 주셔서 감사합니다.
담요입니다.
감사합니다.

단어 및 표현

Track 31

- □ 日本(にほん) 일본
- □ 新聞(しんぶん) 신문
- □ あります 있습니다
- □ ~か [의문형 어미] ~까?
- □ もうしわけございません 죄송합니다
- □ 国内線(こくないせん) 국내선
- □ ~には [조사] ~에는
- □ サービス(さーびす) 서비스(service)
- □ ~が ① [주격 조사] ~이 / 가
  ② [접속 조사] ~는데, ~지만
- □ ございます 있습니다 (공손한 표현)
- □ ございません 없습니다 (공손한 표현)
- □ そうですか 그렇군요, 그렇습니까?
- □ 日本語(にほんご) 일본어
- □ 機内誌(きないし) 기내지
- □ いかがですか 어떻습니까?
- □ 毛布(もうふ) (= ひざかけ) 담요
- □ かしこまりました 잘 알겠습니다
- □ お待(ま)たせいたしました
  오래 기다리셨습니다
- □ ~でございます ~입니다

일본인이 발음하는 「日本」

일본 사람들은 「日本」을 「にほん」 또는 「にっぽん」의 두 가지로 발음합니다. 딱히 확실하게 구분 지어 사용하진 않지만 「日本語(にほんご)(일본어)」, 「日本人(にほんじん)(일본인)」, 「日本料理(にほんりょうり)(일본 요리)」, 「日本(にほん)の 新聞(しんぶん)(일본 신문)」 등 일반적인 경우는 「にほん」이라고 하는 경우가 많습니다. 반면, 국가를 대표하여 나가는 올림픽이나 월드컵 등의 경기에서 자국(自国)의 선수들을 응원하는 경우 등 자부심을 표현할 때는 「にっぽん」, 「にっぽんじん」이라고 하는 경우도 있습니다.

日本

문법 포인트

1 ~が あります / ~が ございます ~이/가 있습니다

「あります」는 사물이나 무생물의 존재를 나타내는 일반적인 동사로 '있습니다'로 해석한다. 같은 의미의 「ございます」는 「あります」 보다 더 공손한 표현이다.
따라서 승객이 승무원에게 필요한 물건을 요청할 경우에는 「~が ありますか」라고 물어보지만, 승무원이 승객에게 대답할 경우에는 「~が ございます(~이/가 있습니다)」 또는 「~が ございません(~이/가 없습니다)」으로 정중하게 대답하도록 한다.
존재하는 것을 가리키는 명사에는 주격 조사 「~が」또는 「~は」를 붙인다.

사물, 무생물	일반적인 표현	공손한 표현
긍정	~が あります	~が ございます
부정	~が ありません	~が ございません

P すみません、日本(にほん)の 雑誌(ざっし) ありますか。 실례합니다, 일본 잡지 있습니까?

C お客(きゃく)さま、日本(にほん)の 雑誌(ざっし)は ございません。 손님, 일본 잡지는 없습니다.

日本語(にほんご)の 機内誌(きないし)は ございます。 일본어 기내지는 있습니다.

◆ 사람이나 생물 등 살아 움직이는 것의 존재를 표현하는 동사는 「います」를 쓴다.

2 はい、かしこまりました 네, 잘 알겠습니다

「かしこまりました」의 사전적 의미는 '분부대로 하겠습니다'라는 뜻이다. 승객의 주문이나 부탁을 받았을 경우, 「はい」라는 짧은 한마디로 대답하기 보다는 「はい、かしこまりました。」라는 정중한 대답으로 응대하면 승객에게 더 깊은 신뢰감을 줄 수 있다.

3 ～でございます ～입니다

「～でございます」는 「～です(～입니다)」와 같은 의미지만 「～です」보다 더 공손하고 정중한 표현이다.

사물, 무생물	일반적인 표현	공손한 표현
긍정	～です	～でございます
부정	～では ありません	～では ございません

- 毛布です。 담요입니다.
  ⇨ 毛布でございます。
- お客さま、英語の 新聞です。 손님, 영자 신문입니다.
  ⇨ お客さま、英語の 新聞でございます。
- お客さまの お座席は こちらです。 손님의 좌석은 이쪽입니다.
  ⇨ お客さまの お座席は こちらでございます。
- お客さまの お座席は こちらでは ありません。 손님의 좌석은 이쪽이 아닙니다.
  ⇨ お客さまの お座席は こちらでは ございません。

※ お待たせいたしました。

「お待たせいたしました」는 직역하면 '기다리게 해드렸습니다'라는 뜻으로 승객이 주문한 사항에 대해 기다려 주셔서 감사함을 표시할 때 쓰는 표현이다. 승객이 기다린 시간이 길지 않더라도 항상 공손하고 정중하게 사용하도록 한다.

연습 문제

01 국내선에는 신문 서비스가 없습니다.

02 죄송합니다.

03 일본어 기내지는 있습니다만, 어떻습니까?

04 일본 신문이 없습니다.

05 네, 알겠습니다.

06 손님, 기다려 주셔서 감사합니다.

07 손님, 담요입니다.

Role Play

❶ 국내선에서 승객이 일본 신문을 찾으시는 경우, 어떻게 대처해야 할지 말해 봅시다.

❷ 담요를 찾으시는 승객에게 담요를 서비스해 봅시다.

❸ 주문을 기다려주신 승객에게 감사의 인사를 해 봅시다.

❹ 기내에 담요가 없는 상황을 승객에게 설명해 봅시다.

일본의 대표적인 신문을 알아봅시다!

일본의 신문은 우리나라와 같이 전국적으로 발행되는 전국지(全国紙)와 지방 발행 신문인 지방지(地方紙)의 두 종류로 나뉩니다.
일본의 5대 대표 일간지는 「読売新聞(よみうりしんぶん)」, 「朝日新聞(あさひしんぶん)」, 「毎日新聞(まいにちしんぶん)」, 「日本経済新聞(にほんけいざいしんぶん)」, 「産経新聞(さんけいしんぶん)」이며, 신문의 로고를 보고 승객에게 서비스할 수 있도록 연습해 봅시다.

THE YOMIURI SHIMBUN
讀賣新聞

読売新聞(よみうりしんぶん)
〈요미우리 신문〉

朝日新聞(あさひしんぶん)
〈아사히 신문〉

毎日新聞(まいにちしんぶん)
〈마이니치 신문〉

日本経済新聞(にほんけいざいしんぶん)
〈닛케이 신문〉

産経新聞(さんけいしんぶん)
〈산케이 신문〉

中日新聞(ちゅうにちしんぶん)
〈쥬-니치 신문〉

日刊スポーツ
nikkansports.com

スポーツ新聞(すぽーつしんぶん)
〈스포츠 신문〉

UNIT 05

이륙 준비

음성 듣기

주요 학습 내용

- お + (동사의 ます형) + ください
- ～に

서비스 일본어

회화 ① 이륙 & 좌석벨트 착용 안내 Track 32

c お客(きゃく)さま、まもなく 離陸(りりく)いたします。
シートベルト(しーとべると)を おしめください。

회화 ② 짐정리 Track 33

c お荷物(にもつ)は お座席(ざせき)の 下(した)に お置(お)きください。

회화 ③ 안전에 관한 사항 Track 34

お客(きゃく)さま、お座席(ざせき)を もとの 位置(いち)に お戻(もど)しください。
テーブル(てーぶる)を お戻(もど)しください。
アームレスト(あーむれすと)を お戻(もど)しください。
フットレスト(ふっとれすと)を お戻(もど)しください。
ブラインド(ぶらいんど)を お開(あ)けください。
お客(きゃく)さま、お座席(ざせき)に お付(つ)きください。

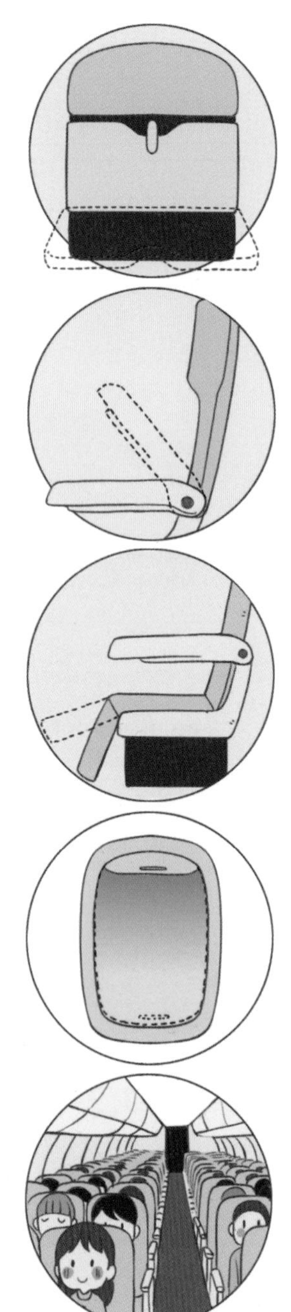

회화①

손님, 곧 이륙하겠습니다.
좌석벨트를 매 주십시오.

회화②

짐은 좌석 밑에 놓아 주십시오.

회화③

손님, 좌석을 원 위치로 되돌려 주십시오.
테이블을 되돌려 주십시오.
팔걸이를 되돌려 주십시오.
발 받침대를 되돌려 주십시오.
창문 덮개를 열어 주십시오.
손님, 좌석에 앉아 주십시오.

단어 및 표현

Track 35

- □ まもなく 곧
- □ 離陸(りりく) 이륙
- □ いたします [しますの 정중형] 하겠습니다
- □ シートベルト(しーとべると) 좌석벨트
- □ おしめください 매 주십시오
- □ 下(した) 아래, 밑
- □ お置(お)きください 놓아 주십시오
- □ もとの 원래의
- □ 位置(いち) 위치
- □ お戻(もど)しください 되돌려 주십시오
- □ テーブル(てーぶる) 테이블
- □ アームレスト(あーむれすと) 팔걸이
- □ フットレスト(ふっとれすと) 발 받침대
- □ ブラインド(ぶらいんど) 창문 덮개, 블라인드
- □ お開(あ)けください 열어 주십시오
- □ お付(つ)きください 앉아 주십시오

이착륙 시 전자 기기 사용 안내

안전한 비행을 위해 승무원은 기내 안전에 관한 사항을 잘 숙지해야 한다. 이착륙 시 및 비행 중에 휴대 전화 등의 전자기기는 무선 통신 기능을 끄고 비행 모드(airplane mode)로 전환하도록 안내한다.

「お客(きゃく)さま、電子機器(でんしきき)は フライトモード(ふらいともーど)で おねがいいたします。」

"손님, 전자기기는 비행기 모드로 부탁드립니다."

「お客(きゃく)さま、携帯電話(けいたいでんわ)は フライトモード(ふらいともーど)に お切(き)り替(か)えください。」

"손님, 휴대 전화는 비행모드로 전환해 주십시오."

＊切(き)り替(か)える 전환하다

문법 포인트

1 お＋(동사의 ます형)＋ください ~해 주십시오

'~해 주세요' 보다 정중한 부탁의 표현으로 '~해 주십시오'라는 의미를 나타낸다.
특히, 이착륙 시 승객에게 안전에 관한 사항을 안내할 때는 엄격한 기내의 안전 규정 때문에 승객들이 불편함을 느낄 수 있으므로 정중한 표현으로 협조를 요청해야 한다.

동사 기본형	일반적인 부탁의 표현 ~てください	정중한 부탁의 표현 お＋(동사의 ます형)＋ください
しめる 닫다	しめてください 매 주세요	おしめください 매 주십시오
戻(もど)す 되돌리다	戻(もど)してください 되돌려 주세요	お戻(もど)しください 되돌려 주십시오
開(あ)ける 열다	開(あ)けてください 열어 주세요	お開(あ)けください 열어 주십시오

- シートベルト(しーとべると)を おしめください。 좌석벨트를 매 주십시오.
- こちらに お置(お)きください。 여기에 놓아 주십시오.

◆ 「お~ください」에 「ませ」를 붙여 「お~くださいませ」라고 하면 우리말 해석은 '~해 주십시오'로 차이가 없으나, 일본어에서는 더욱 정중한 부탁의 의미를 담고 있다.

- シートベルト(しーとべると)を おしめくださいませ。 좌석벨트를 매 주십시오.
- こちらに お置(お)きくださいませ。 여기에 놓아 주십시오.

◆ 이착륙 시 승객에게 부탁하는 대부분의 표현은 「おねがいいたします」로 대신할 수 있다.

2 ～に ～에, ～(으)로

① 정적(静的)인 장소나 방향을 가리키는 경우: ～에, ～(으)로

- お荷物は お座席の 下に お置きください。
  짐은 좌석 밑에 놓아 주십시오.

- フットレストを もとの 位置に お戻しください。
  발 받침대를 원래의 위치로 되돌려 주십시오.

- 携帯電話は フライトモードに お切り替えください。
  휴대전화는 비행모드로 전환해 주십시오.

② 시간, 때를 가리키는 경우: ～에

- 5時に 離陸いたします。 5시에 이륙하겠습니다.

※그 밖의 정중한 부탁의 표현

- ブラインドを お閉めください。 창문 덮개를 닫아 주십시오.
- こちらの 階段を ご利用ください。 이쪽의 계단을 이용해 주십시오.
- こちらの 案内書を ご覧ください。 이쪽의 안내서를 봐 주십시오.
- すこし お待ちください。 잠시만 기다려 주십시오.
- まっすぐ お進みください。 똑바로 직진해 주십시오.

* 階段 계단
* 案内書 안내서
* お閉めください 닫아 주십시오
  cf. お締めください 매 주십시오
* すこし 조금
* まっすぐ 똑바로, 곧장
* お進みください 나아가십시오

연습 문제

01 곧 이륙하겠습니다.

02 좌석벨트를 매 주십시오.

03 휴대전화는 비행모드로 전환해 주십시오.

04 좌석을 제자리로 되돌려 주십시오.

05 짐은 좌석 밑에 놓아 주십시오.

06 창문 덮개를 열어 주십시오.

07 손님, 좌석에 앉아 주십시오.

① 승객에게 이륙 전 안전에 관한 사항에 대해 안내해 봅시다.

② 승객에게 착륙 전 안전에 관한 사항에 대해 안내해 봅시다.

* 着陸(ちゃくりく) 착륙

비상구 열 좌석 착석 / Exit Row Seating

비상구 열 좌석에 착석한 손님이 수행해야 하는 일
- 비상구 외부 상황을 확인
- 화재, 연기, 탈출 방해물이 있을 때는 다른쪽 탈출구로 유도한다.
- 외부 상황 이상 없을 때 승무원의 구두신호에 의해 비상구 Open
- 비상구 주변 장애물 제거
- 먼저 비상통로를 통하여 안전하게 탈출
- 비행기 밑에서 뒤이어 탈출하는 손님을 부축한다.
- 탈출한 손님을 기체 폭발에 대비해 안전한 지점으로 대피하게 한다.

아래의 사항에 해당하여 비상탈출 시 임무를 수행할 수 없는 손님은 승무원에게 요청하여 좌석 재배치를 받아야 합니다.

가. 신체적인 장애로 비상탈출의 임무를 수행할 수 없는 경우
- 비상구를 잡고 상,하로 또는 밀거나 당기는 동작이 불가능한 경우
- 비상구 주변 장애물을 제거할 수 없는 경우
- 비상탈출 시 즉각 탈출하여 뒤이어 탈출하는 다른 손님을 도와줄 수 없는 경우

나. 15세 미만의 손님으로 기내에서 성인의 도움이 필요한 경우
다. 이 카드의 내용을 읽고 이해하지 못하거나 승무원의 구두지시를 이해하지 못하는 경우
라. 시각, 청각, 언어구사에 지장이 있는 경우
마. 상기의 내용을 이해하지 못하는 경우

비상사태에 의해 기내로부터 비상탈출 시 비상구 열 좌석의 손님은 승무원의 지시에 따라 손님들의 탈출을 도와야 하며, 이러한 임무의 수행을 원하지 않거나 이행할 수 없는 경우 및 안내서의 내용을 이해할 수 없을 상황에는 즉시 승무원에게 알려 주셔서 좌석 재배치를 받아 주시기 바랍니다.

Duties of the passengers seated near the emergency exit row
- Check external situation outside the emergency exit
- When there is a fire, smoke, or obstruction to escape, guide passengers to other exits.
- When there is nothing wrong outside, open the emergency exit at the verbal command of the cabin crews.
- Clear the emergency exit of obstructions
- Escape first through safe emergency exits
- Assist other passengers outside the aircraft
- Assist the other passengers in escaping to a safe place.

Passengers who cannot perform emergency escaping duties due to the reasons listed below should inform the cabin crews and be assigned new seats.

A. Unable to push or pull the emergency door up and down/Unable to open and close the emergency exit door
- Unable to clear the emergency exit of obstructions
- Cannot escape immediately or assist other passengers during emergency evacuation.

B. Under 15 years of age and requires adult assistance inside the plane

C. Cannot understand the content of this card or the verbal instruction of cabin crew.

D. Passenger has trouble with sight, hearing or oral communication

E. Passenger cannot understand what is written above

When performing emergency escape from the plane due to emergency situations the passenger shall assist other passengers in escaping, according to the orders of the cabin crews.
If you do not wish to perform these duties or cannot perform them, or are unable to understand the contents of the instructions, please inform the cabin crews immediately and be given new seating.

非常口側座席の乗客の方に御協力いただく義務
- 非常口の外部状況を確認。
- 火災、煙の為、障害物がある場合は他の非常口へ乗客の誘導をする。
- 非常脱出の際、外部状況に異常のない時は、乗務員の指示・合図に従って非常口を開ける。
- 非常口周辺の障害物を除去する。
- まず安全な非常口へ脱出・誘導をする。
- 飛行機の下で続いて脱出してくる乗客を助ける。
- 脱出した乗客を機体爆発に備えて安全なところに待避させる。

下記の事項に該当する場合によって非常脱出時に止むを得ず協力できないお客様は、搭乗時に乗務員に座席の変更を申し出てください。
1. 身体的障害のため非常脱出に協力できない場合。
- 非常口レバーを握って上下または押したり引いたりする動作が不可能な場合。
- 非常口周辺の障害物を除去できない場合。
- 非常脱出の際、即時に脱出してその後から脱出してくる他の乗客を助けることができない場合。
2. 15歳未満の乗客で、機内で大人の助けが必要な場合。
3. 安全のしおりの内容を理解出来ない場合もしくは、乗務員の口頭による指示を理解出来ない 場合。
4. 視覚、聴覚、言語に支障のある場合。
5. 上記の内容が理解できない場合。

非常事態により機内から非常脱出する際、非常口側座席の乗客の方は乗務員の指示にしたがって他の乗客の脱出に協力していただかなければなりません。
もし、この事に同意されない場合、または行う事のできない場合、及び案内書の内容が理解できない場合は、直ちに乗務員に座席の変更を申し出てください。

紧急出口位置就座的乘客应尽的责任。
-观察紧急出口外面的情况
-紧急出口周围发生火灾,烟雾或有障碍物时,需指引乘客到其他出口。
-紧急出口外面无异常时, 可按乘务员的指示打开紧急出口。
-清除紧急出口周围的障碍物。
-选择最安全的出口先撤离。
-在机下搀扶随后撤离的乘客。
-把乘客带到飞机爆炸半径以外的安全区域。

因以下原因不能履行上述责任的乘客, 应要求乘务员调整座位。
1.因身体原因:
-不能握紧紧急出口两侧把手或不能做出推拉动作。
-不能清除紧急出口周围障碍物。
-撤离后不能搀扶其他乘客。
2.需要成人照顾的未满 15 岁儿童。
3.不能理解此安全说明书内容, 不能理解乘务员的安全说明。
4.有视力,听力,语言障碍。
5.不能理解以上内容。

如发生紧急情况, 需要撤离飞机时, 紧急出口位置的乘客应按照乘务员的指示, 帮助其他乘客撤离飞机。不能履行该责任或不能理解上述内容的乘客请告知乘务员, 以便得到座位的调整。

Eine Information für den sicheren Flug

Die Fluggäste an den Notausgängen müssen in Notfällen auf Anweisung der Stewardessen und Stewards die Flucht der anderen Fluggäste unterstützen.
Falls Sie nicht wünschen und nicht in der Lage sind, dieser Aufgabe nachzukommen, oder Sie den Inhalt des Informationsblattes nicht verstehen können, dann bitten wir Sie, es unseren Flugbegleitern mitzuteilen und einen anderen Sitzplatz zu bekommen.

Information pour un voyage en sécurité

Lors de la sortie d'urgence d'un avion, les passagers au niveau du siège desortie doivent aider la sortie des passagers en suivent les indications de l'équipage.
Si vous ne voulez pas ou ne pouvez executer cette consigne ou si ne comprenez pas le contenu de ce guide, il faut le signaler immédiatement à l'équipage afin d'effectuer un changement de place.

REV [00] - APR 2015

비상구 좌석 안내하기

비상구 열 좌석에 앉으시는 승객은 비상 시 승무원의 지시에 따라 비상구 좌석임무를 수행해야 합니다. 승객에게 협조가 가능한지에 대한 여부를 먼저 확인한 후, 동의하는 승객에게는 기내 안전에 관한 안내문을 읽어 보도록 요청 드립니다.

C しつれいいたします。
こちらは 非常口座席(ひじょうぐちざせき)でございます。
非常時(ひじょうじ)に 乗務員(じょうむいん)の 援助(えんじょ)を おねがいいたします。
お手伝(てつだ)いいただけますか。

P はい。

C ありがとうございます。
詳(くわ)しい ことは こちらの 案内書(あんないしょ)を ご覧(らん)ください。

실례합니다.
이곳은 비상구 좌석입니다.
비상시에 승무원에게 도움을 부탁 드립니다.
도와주시겠습니까?
네.
감사합니다.
자세한 것은 이쪽의 안내서를 봐 주십시오.

UNIT 06

음료 서비스

음성 듣기

주요 학습 내용

- いかがですか
- Aと B
- 何(なに)に なさいますか
- 他(ほか)に ご必要(ひつよう)な ものは ございませんか

서비스 일본어

회화 ① 음료 서비스 Track 36

C お客(きゃく)さま、おのみものは いかがですか。

ジュース(じゅーす)、コーラ(こーら)、お水(みず)、お茶(ちゃ)と コーヒー(こーひー)が ございます。

何(なに)に なさいますか。

P コーヒー(こーひー) ください。

C クリーム(くりーむ)と お砂糖(さとう)は いかがですか。

P クリーム(くりーむ) ちょうだい。

C はい、かしこまりました。熱(あつ)いので ご注意(ちゅうい)ください。

どうぞ ごゆっくり。

회화 ② 음료 회수 Track 37

C お客(きゃく)さま、おすみでございますか。

P はい。

C 他(ほか)に ご必要(ひつよう)な ものは ございませんか。

P はい。

C おさげいたします。どうぞ ごゆっくり。

회화①

손님, 음료수 드시겠습니까?
주스, 콜라, 물, 녹차와 커피가 있습니다.
무엇으로 드시겠습니까?
커피 주세요.
크림과 설탕은 어떻습니까?
크림 줘요.
네, 잘 알겠습니다. 뜨거우니 주의하십시오.
맛있게 드십시오.

회화②

손님 다 드셨습니까?
네.
그 밖에 필요하신 것은 없으십니까?
네.
치워 드리겠습니다. 편안한 시간 보내십시오.

단어 및 표현

Track 38

- □ おのみもの 음료수
- □ いかがですか 어떻습니까
- □ ～と [조사] ～와 / ～과
- □ 何(なに) 무엇
- □ ～に [조사] ～(으)로 (선택)
- □ なさいますか ～하시겠습니까?
- □ ください 주세요
- □ お砂糖(さとう) 설탕
- □ ちょうだい 줘요
- □ 熱(あつ)い 뜨겁다
- □ ～ので [접속 조사] ～(이)므로, ～때문에
- □ ご注意(ちゅうい)ください 주의해 주십시오
- □ どうぞ ごゆっくり 맛있게 드십시오, 편안한 시간 보내십시오.
- □ おすみでございますか 다 드셨습니까?
- □ 他(ほか)に 그 밖에, 따로
- □ ご必要(ひつよう)な 필요하신
- □ もの(物) 것, 물건
- □ ございませんか 없으십니까?
- □ おさげいたします 치워 드리겠습니다

서비스 중에 터뷸런스(Turbulence)가 발생할 경우

비행 중 갑작스러운 기류 변화로 좌석벨트 표시등(Fasten Seatbelt Sign)이 켜지면 서비스 중이라도 승객과 승무원 모두 빠르게 착석하여 좌석벨트를 매야 합니다.
이 때 이동 중인 승객에게는 이렇게 안내해 주세요.

C お客(きゃく)さま、飛行機(ひこうき)が 揺(ゆ)れて おります。
お座席(ざせき)に お戻(もど)りください。

손님, 비행기가 흔들리고 있습니다.
좌석으로 돌아가 주십시오.

문법 포인트

1 いかがですか 어떻습니까?

승객에게 음료, 식사, 면세품 등의 서비스 아이템을 권유할 때 사용하는 표현으로, 「いかがですか」는 앞에 오는 내용에 맞게 다양한 해석이 가능하다.

- おのみものは いかがですか。 음료수 드시겠습니까?
- おかわりは いかがですか。 더 드시겠습니까?　＊おかわり 리필, 더 먹음
- こちらの お座席(ざせき)は いかがですか。 이쪽의 좌석은 어떻습니까?
- ほかの ジュース(じゅーす)は いかがですか。 다른 주스는 어떻습니까?　＊ほかの 다른

2 AとB A와(과) B

「～と」는 '～와 / 과'의 의미로 명사를 나열할 때 쓰는 조사이다.

- ジュース(じゅーす)、コーラ(こーら)、お水(みず)、お茶(ちゃ)と コーヒー(こーひー)が ございます。
  주스, 콜라, 물, 차와 커피가 있습니다.
- クリーム(くりーむ)と お砂糖(さとう)は いかがですか。 크림과 설탕은 어떻습니까?
- 経済新聞(けいざいしんぶん)と スポーツ新聞(すぽーつしんぶん)が ございます。 경제 신문과 스포츠 신문이 있습니다.
- お客(きゃく)さまの お座席(ざせき)は こちらと あちらです。 손님의 좌석은 이쪽과 저쪽입니다.

3 何(なに)に なさいますか 무엇으로 하시겠습니까?

「何(なに)に なさいますか」는 여러 가지 아이템 중 어떤 것을 선택할지 승객에게 물어볼 때 사용하는 표현이다. 여기서 「～に」는 선택의 방향을 나타내는 조사로 '～(으)로'라고 해석한다.
「なさいます(하십니다)」는 일본어의 경어 중 상대방의 행동을 높일 때 사용하는 존경어로 「します(합니다)」보다 훨씬 높임의 의미를 나타내는 표현이다.

- 何(なに)に なさいますか。 무엇으로 하시겠습니까?
- どちらに なさいますか。 어느 것으로 하시겠습니까?
- こちらに なさいますか。 이것으로 하시겠습니까?

4 他(ほか)に ご必要(ひつよう)な ものは ございませんか 다른 필요한 것은 없으십니까?

승객에게 추가적으로 필요한 것이 있는지 물어보거나, 승객이 찾는 서비스 아이템이 없을 때 다른 필요한 것이 있는지 물어보기 위해 사용하면 좋은 표현이다.

※ 일본어의 경어

일본어의 경어는 크게 존경어(尊敬語(そんけいご))와 겸양어(謙譲語(けんじょうご))로 나뉜다.
존경어는 상대방의 행동 자체를 높이는 표현이고, 겸양어는 자신의 동작을 낮추어 상대방을 높이는 표현이다.
「お + 동사의 ます형 + いたします(~해 드리겠습니다)」는 겸양어이며, 어미를 「~ましょうか」로 바꾸면 상대방에게 공손하게 권유하는 부드러운 표현으로 쓸 수 있다.

겸양어	
お + 동사의 ます형 + いたします ~해 드리겠습니다	お + 동사의 ます형 + いたしましょうか ~해 드릴까요?
おさげいたします 치워 드리겠습니다	おさげいたしましょうか 치워 드릴까요?
おてつだいいたします 도와 드리겠습니다	おてつだいいたしましょうか 도와 드릴까요?
おおきいたします 놓아 드리겠습니다	おおきいたしましょうか 놓아 드릴까요?

01 손님, 음료 드시겠습니까?

02 주스, 콜라, 물, 녹차와 커피가 있습니다.

03 어떤 것으로 드시겠습니까?

04 뜨거우니 주의하십시오.

05 손님, 다 드셨습니까?

06 다른 필요하신 것은 없으십니까?

07 치워 드리겠습니다.

Role Play

❶ 승객에게 비행 중 서비스하는 음료를 소개해 봅시다.

❷ 승객에게 음료 서비스를 해 봅시다.

❸ 승객에게 뜨거운 음료를 서비스해 봅시다.

❹ 승객이 다 드신 음료를 회수해도 되는지 여쭤봅시다.

❺ 승객이 다 드신 음료수 컵을 회수해 봅시다.

❻ 음료를 다 드신 승객에게 더 필요하신 것이 없는지 여쭤봅시다.

TIP!

승객을 편안하게 하는「どうぞ ごゆっくり」

「どうぞ ごゆっくり」는 영어의 'Enjoy your~'라는 의미와 유사합니다.

따라서 말하는 시점에 따라 다양하게 해석할 수 있습니다.

예 **지상에서 담당 승무원 소개 후 「どうぞ ごゆっくり」**
"즐거운 비행 하시기 바랍니다. (Enjoy your flight)"

음료나 식사를 드리고 난 후의 「どうぞ ごゆっくり」
"맛있게 드십시오. (Enjoy your drink / Enjoy your meal)"

서비스 후 승객이 주무시기 전에 「どうぞ ごゆっくり」
"(계속해서) 편안한 여행 하시기 바랍니다. (Enjoy your trip)"

UNIT 07

하기 인사

음성 듣기

주요 학습 내용

- どうも
- ありがとうございます / ありがとうございました
- いってらっしゃいませ

서비스 일본어

회화 1 Track 39

c どうも ありがとうございました。
どうぞ 楽(たの)しい ご旅行(りょこう)を。

회화 2 Track 40

c おつかれさまでございました。
また お会(あ)いいたします。

회화 3 Track 41

c いって いらっしゃいませ。

회화 4 Track 42

c さようなら。
どうぞ お気(き)を つけて。

회화①

대단히 감사합니다.
즐거운 여행 되십시오.

회화②

수고하셨습니다.
또 뵙겠습니다.

회화③

잘 다녀오십시오.

회화④

안녕히 가십시오.
부디 조심하시기 바랍니다.

단어 및 표현

Track 43

- □ どうも 대단히, 정말
- □ 楽(たの)しい 즐겁다
- □ ご旅行(りょこう) 여행
- □ ～を ～을 / 를
- □ おつかれさまでございました 수고하셨습니다
- □ また [부사] 또, 다시
- □ お会(あ)いいたします 만나 뵙겠습니다
- □ いって いらっしゃいませ 다녀오십시오
- □ さようなら 안녕히 가십시오
- □ お気(き)を つけて 조심하십시오
  - * 気(き)を つける 조심하다

おつかれさまでございました

일본에서 '수고하셨습니다'의 의미를 나타내는 「おつかれさまでございました」는 남녀노소를 불문하고 사용할 수 있는 표현이다.
비행을 마친 후 함께 비행한 일본인 승무원에게도 「おつかれさまでございました!」라고 말해 보자.

극존칭	おつかれさまでございました。
존칭	おつかれさまでした。
편한 사이	おつかれさま～。
친구 사이	おつかれ～！

문법 포인트

1 どうも

「どうも ありがとうございました」에서 「どうも」는 '대단히, 정말'이라는 의미를 나타내는 부사이다.
승객이 「どうも」라고 한마디로 말할 때는 고마움의 표시나 가벼운 인사를 의미한다.

- 승객이 비행기에 탑승할 때의 「どうも」 → 안녕하세요
- 승객이 음료수를 서비스 받았을 때의 「どうも」 → 고마워요

2 ありがとうございます / ありがとうございました

일본어에서 예의를 갖추어 감사 인사를 할 때는 「ありがとうございます」라고 말한다.
그러나, 계속되는 일련의 과정들이 종료될 때의 감사 인사는 「ありがとうございました」라는 과거형으로 표현한다.

기내의 상황으로 예를 들면 다음과 같다.

일반적인 경우	ありがとうございます
면세품 판매 시 마지막 계산까지 완료되었을 때 **비행기 착륙 후 승객이 하기할 때**	ありがとうございました

◆ 친구들끼리는 편하게 「ありがとう!」 또는 「サンキュー!」라고 말한다.

3 いって いらっしゃいませ 잘 다녀 오십시오.

「いって いらっしゃいませ」는 동사 「行く(가다)」와 「いらっしゃる(오시다)」의 합성어로 '갔다 오십시오'라는 뜻이다.

일상 생활에서는 「いってらっしゃい (잘 갔다 와)」라는 줄임말을 사용하며, 대답할 때는 「いってきます(다녀 오겠습니다)」라고 대답한다.

いってらっしゃい
いってきます~

포인트 플러스

※착륙 준비를 할 때 휠체어 승객에게 꼭 안내해 주세요!

휠체어 승객은 안전을 위해 비행기가 착륙한 후 모든 승객이 하기한 다음에 하기하게 됩니다. 따라서 도착 후 승무원의 안내가 있을 때까지 자리에서 기다릴 수 있도록 친절하게 안내해 주세요.

C : お客さま、 お降りの 際に ご案内いたします。
到着 後 お座席で お待ちください。

손님, 내리실 때 안내해 드리겠습니다.
도착 후 자리에서 기다려 주십시오.

연습 문제

01 대단히 감사합니다.

02 즐거운 여행되십시오.

03 수고하셨습니다.

04 또 뵙겠습니다.

05 잘 다녀오십시오.

06 안녕히 가십시오.

07 부디 조심하시기 바랍니다.

1. 승객에게 정중한 감사의 인사를 해 봅시다.

2. 승객에게 다양한 표현을 이용하여 하기 인사를 해 봅시다.

3. 함께 근무한 승무원에게 수고했다는 말을 해 봅시다.

5대 접객용어

- 네 알겠습니다. 곧 가져다 드리겠습니다.
  はい、かしこまりました。すぐ おもちいたします。
- 네 알겠습니다. 잠시만 기다려 주시겠습니까?
  はい、かしこまりました。すこし おまちくださいませ。
- 네 알겠습니다. 곧 알아봐 드리겠습니다.
  はい、かしこまりました。すぐ おしらべいたします。
- 더 필요하신 것은 없으십니까?
  ほかに ごひつようなものは ございませんか。
- 맛있게 드십시오.
  どうぞ ごゆっくり。

국내선을 위한 필수 일본어 대화문 15

1. いらっしゃいませ。こんにちは。 어서 오십시오. 안녕하십니까?
2. 何番ですか。 몇 번입니까?
3. こちらへ どうぞ。/ あちらへ どうぞ。
   [좌석 안내 시] 이쪽으로 가십시오. / 저쪽으로 가십시오.
   [짐 보관 안내 시] 이쪽으로 넣으십시오. / 저쪽으로 넣으십시오.
4. お待たせいたしました。 기다려 주셔서 감사합니다.
5. お座席の ベルトを おしめください。 좌석 벨트를 매 주십시오.
6. テーブルを もとの 位置に お戻しください。 테이블을 제자리로 되돌려 주십시오.
7. ブラインドを お開けください。 창문 덮개를 열어 주십시오.
8. お座席に お付きください。 좌석에 앉아 주십시오.
9. おのみものは いかがですか。 음료 드시겠습니까?
10. はい、かしこまりました。 네, 알겠습니다.
11. どうぞ ごゆっくり。 맛있게 드십시오, 편안한 시간 보내십시오.
12. おかわりは いかがですか。 한 잔 더 드시겠습니까?
13. おすみでございますか。おさげいたします。 다 드셨습니까? 치워 드리겠습니다.
14. もうしわけございません。 죄송합니다.
15. ありがとうございました。さようなら。 감사합니다. 안녕히 가십시오.

PART 2
국제선 서비스
(国際線サービス編)

クロスワード・パズル

			1.			2.				2.	3.				4.
						3.									
											4.				
			5.												
						6.			6.						
7.												8.			
									8.						
							9.								
				10.											

横ヒント(가로 힌트)

1. '고마워'
2. '짐'의 정중한 말
3. 승무원
4. '안내'의 정중한 말
5. '안녕' (아침인사)
6. 휴대전화
7. 비행기
8. 신문
9. 의사
10. 손님

縦ヒント(세로 힌트)

1. 지시대명사 '저쪽, 저기'의 높임말
2. 탑승권
3. 일본어
4. '2층'의 높임말
5. 좌석
6. '어서 오십시오'
7. 비상구
8. '안녕하세요' (낮 인사)

UNIT 08

좌석 번호 & 짐 보관 안내

음성 듣기

주요 학습 내용

- 숫자 읽기
- 좌석번호 읽기
- ~の ため

서비스 일본어

회화 ① 좌석번호 안내 Track 44

C いらっしゃいませ。こんにちは。
何番(なんばん)ですか。
28の Aでございます。
こちらへ どうぞ。

회화 ② 승객이 탑승권을 보여주지 않을 때 Track 45

C お客(きゃく)さま、保安(ほあん)の ため ご搭乗券(とうじょうけん)を お見(み)せください。

회화 ③ 수하물 보관 안내 Track 46

C 失礼(しつれい)いたします。
安全(あんぜん)の ため お荷物(にもつ)は 上(うえ)の 棚(たな)に お願(ねが)いいたします。

P はい、わかりました。

C ありがとうございます。

회화①

어서 오십시오. 안녕하십니까.
몇 번입니까?
28A입니다.
이쪽으로 가십시오.

회화②

손님, 보안을 위해 탑승권을 보여 주십시오.

회화③

실례합니다.
안전을 위해 짐은 위의 선반에 부탁 드립니다.

네, 알겠습니다.

감사합니다.

회화 4 승객 좌석 위 선반에 공간이 없을 때 Track 47

P あの、これ……。

C もうしわけございません。すこし お待(ま)ちください。

C お客(きゃく)さま、こちらに スペース(すぺーす)が ございます。

P どうも。

C お降(お)りの さいは どうぞ お忘(わす)れなく。

회화④

저, 이거…….

죄송합니다. 조금만 기다려 주십시오.

손님, 여기에 공간이 있습니다.

고마워요.

내리실 때는 잊지 마시기 바랍니다.

단어 및 표현 Track 48

- □ 保安(ほあん) 보안
- □ ～の ため ~을/를 위해
- □ ご搭乗券(とうじょうけん) 탑승권
- □ お見(み)せください 보여 주십시오
- □ しつれいいたします 실례합니다
- □ 安全(あんぜん) 안전
- □ お荷物(にもつ) 짐
- □ 上(うえ)の 棚(たな) 위(의) 선반 (overhead bin)
- □ お願(ねが)いいたします 부탁드립니다
- □ わかりました 알겠습니다
- □ すこし 조금
- □ お待(ま)ちください 기다려 주십시오
- □ スペース(すぺーす) 공간(space)
- □ どうも 「どうも ありがとう」의 준말
- □ お降(お)りの さいは 내리실 때는
- □ どうぞ お忘(わす)れなく 잊지 마시기 바랍니다

문법 포인트

1 숫자 읽기 (1~10)

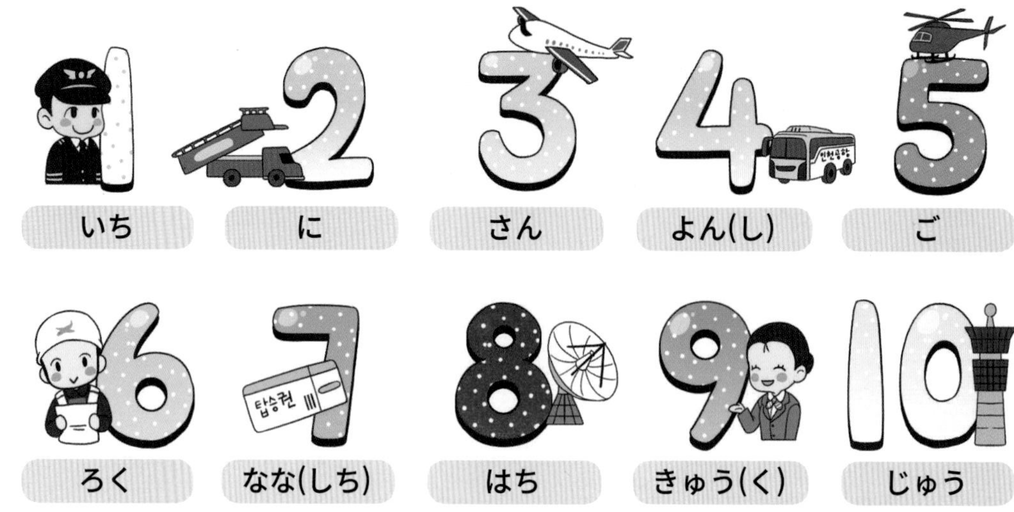

※ 4, 7, 9는 숫자 뒤에 붙는 단위에 따라 ( ) 안의 표현으로 읽을 수 있지만, 비행기 편명, 좌석 번호, 전화번호를 읽을 때는 「よん」, 「なな」, 「きゅう」로 읽는다.

◆ 10 이상의 숫자 읽기

10 이상의 숫자는 우리말과 같이 20(이+십), 30(삼+십), 45(사+십+오)와 같이 읽는다.

2 좌석번호 읽기

우리말로 좌석을 안내할 때는 '28A'나 '36B'와 같이 '숫자 + 알파벳'으로 읽지만, 일본어로 안내할 때는 '숫자 + の + 알파벳'의 형태로 읽는다.

- 28A ⇨ にじゅうはちの エー(えー)
- 36B ⇨ さんじゅうろくの ビー(びー)
- 43C ⇨ よんじゅうさんの シー(しー)

3 ~の ため ~을/를 위해

승객에게 어떠한 이유를 간단히 설명하고자 할 때「명사 + の ため」의 형태로 말할 수 있다.

- 保安(ほあん)の ため ボーディング パス(ぼーでぃんぐ ぱす)を お見(み)せください。 보안을 위해 보딩 패스를 보여 주십시오.
- 安全(あんぜん)の ため お荷物(にもつ)は お座席(ざせき)の 下(した)に お置(お)きください。 안전을 위해 짐은 좌석 밑에 놓아 주십시오.
- 離陸(りりく)の ため シートベルト(しーとべると)を おしめください。 이륙을 위해 좌석 벨트를 매 주십시오.

※숫자「0」 읽는 방법

1) れい (영) : 시간
자정 ⇨ 0時(じ) (れいじ)

2) ゼロ(ぜろ) (zero) : 전화번호
010-1234-5678 ⇨ ゼロ(ぜろ) いち ゼロ(ぜろ) の いち に さん よん の ご ろく なな はち
※ 전화번호의 숫자는 하나씩 읽고, 국번 사이에는「の」를 넣어서 말한다.

3) まる (동그라미) : 비행기 편 명, 방 번호
대한항공 703편 ⇨ コリアン エアー(こりあん えあー) 703便(びん) (なな まる さん びん)
509호 ⇨ 509号(ごう) (ご まる きゅう ごう)

연습 문제

01 어서 오십시오. 안녕하십니까.

02 몇 번입니까?

03 손님, 보안을 위해 탑승권을 보여 주십시오.

04 안전을 위해 짐은 위의 선반에 넣어 주십시오.

05 잠시만 기다려 주십시오.

06 여기에 공간이 있습니다.

07 내리실 때는 잊지 마시기 바랍니다.

Role Play

1. 승객의 탑승권을 보고 좌석번호를 말해 봅시다.

2. 승객에게 좌석의 위치를 안내해 봅시다.

3. 안전을 위해 승객의 짐을 선반 위에 넣을 수 있도록 안내해 봅시다.

4. 승객의 좌석 위 선반에 짐을 넣을 공간이 없을 때 다른 공간을 안내해 봅시다.

TIP!

국내 항공사 일본어로 읽기

Excellence in Flight KOREAN AIR	대한항공	コリアン エアー / 大韓航空 (こりあん えあー / だいかんこうくう)
ASIANA AIRLINES	아시아나 항공	アシアナ 航空 (あしあな こうくう)
JEJUair	제주항공	チェジュ 航空 (ちぇじゅ こうくう)
JINAIR	진에어	ジンエアー (じんえあー)
AIR BUSAN	에어부산	エア プサン (えあ ぷさん)
EASTAR JET	이스타 항공	イースター 航空 (いーすたー こうくう)
t'way	티웨이 항공	ティーウェイ 航空 (てぃーうぇい こうくう)
에어서울	에어서울	エア ソウル (えあ そうる)
FLY GANGWON	플라이강원	フライ江原 (ふらい かんうぉん)
AIR PREMIA	에어프레미아	エアプレミア (えあぷれみあ)

[말해 봅시다!]

C：いらっしゃいませ。こんにちは。

この飛行機(ひこうき)は 成田国際空港(なりたこくさいくうこう) 行(ゆ)きの KOREAN AIR(コリアンエアー) 703便(びん)です。

1. ホノルル(ほのるる)　JIN AIR(ジンエアー)　601
2. ロンドン ヒースロー(ろんどん ひーすろー)　KOREAN AIR(コリアンエアー)　907
3. ロサンゼルス(ろさんぜるす)　KOREAN AIR(コリアンエアー)　017
4. インチョン(いんちょん)　ASIANA 航空(アシアナ こうくう)　744
5. サイパン(さいぱん)　JEJU 航空(チェジュ こうくう)　3402

UNIT 09

이륙 후 서비스

음성 듣기

주요 학습 내용

- ご + 명사 + いたします
- ～ですよ
- ちゃん / くん

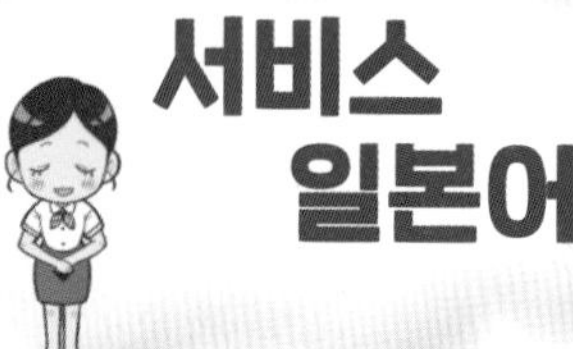

서비스 일본어

회화 1 Baby Bassinet 장착 안내 Track 49

C お客(きゃく)さま、赤(あか)ちゃんのベッド(べっど)を ご用意(ようい)いたします。

P どうも ありがとう。

C まくらと 毛布(もうふ)でございます。

飛行機(ひこうき)が 揺(ゆ)れる さいには 赤(あか)ちゃんを おだき ください。

P はい、わかりました。

회화 2 Child Give-away Track 50

C: しつれいします。

お子(こ)さまの プレゼント(ぷれぜんと)です。

P: あ、どうも。

C: こんにちは、サラン(さらん)ちゃん。

プレゼント(ぷれぜんと)ですよ。

どうぞ ごゆっくり。

회화①

손님, 아기 바구니를 준비해 드리겠습니다.

고맙습니다.

베개와 담요입니다.

비행기가 흔들릴 때는 아기를 안아 주십시오.

네, 알겠습니다.

회화②

실례합니다. 어린이의 선물입니다.

아, 고마워요.

안녕하세요, 사랑양.

선물이에요.

즐거운 여행 되세요.

회화 ③ 기내 오락 시스템(IFE System)에 문제가 발생했을 때 Track 51

C お客(きゃく)さま、システム(しすてむ)を リセット(りせっと)いたします。
リモコン(りもこん)と モニター(もにたー)に さわらないで すこし お待(ま)ちください。

……………

C お客(きゃく)さま、もうしわけございませんでした。
いまは いかがですか。

※ IFE System : In-Flight Entertainment System

회화③

손님, 시스템을 리셋(reset)해 드리겠습니다.
리모컨과 모니터에 손대지 말고 조금만 기다려주세요.

………

손님, (불편을 끼쳐드려) 죄송합니다.
지금은 어떻습니까?

단어 및 표현 Track 52

- □ 赤(あか)ちゃん 아기
- □ ベッド(べっど) 침대
- □ ご用意(ようい)いたします 준비해 드리겠습니다
- □ まくら 베개
- □ 毛布(もうふ) (=ひざかけ) 담요
- □ 飛行機(ひこうき) 비행기
- □ 揺(ゆ)れる 흔들리다
- □ ～さいには ～할 때에는
- □ おだき ください 안아 주십시오
- □ お子(こ)さま '어린이'의 높임말
- □ プレゼント(ぷれぜんと) 선물(present)
- □ ～ですよ ～이에요
- □ システム(しすてむ) 시스템
- □ リセット(りせっと) 리셋(reset)
- □ リモコン(りもこん) 리모컨
- □ モニター(もにたー) 모니터
- □ さわらないで 손대지 말고
- □ いま 지금

문법 포인트

1 ご + 명사 + いたします 명사 + 해 드리겠습니다

나를 낮추어 상대방을 높이는 표현으로 '~해 드리겠습니다'의 의미이다.

- ご用意(ようい)いたします。 준비해 드리겠습니다.
- ご案内(あんない)いたします。 안내해 드리겠습니다.

2 ~ですよ ~이에요

「~ですよ」는 말하는 사람의 판단을 강조할 때나 듣는 사람에게 모르는 정보를 알려줄 때 쓰인다.

- そうですよ。 그렇지요. / 그래요.
- いいですよ。 좋지요. / 좋아요.
- 703便(びん)ですよ。 703편이에요.

참고로 「~ですね」는 말하는 사람이 듣는 사람에게 공감을 표할 때나 동의할 때, 또는 자신이 알고 있는 내용을 다시 확인할 때 쓴다.

- そうですね。 그렇네요. (공감)
- いいですね。 좋네요. (동의)
- 703便(びん)ですね。 703편이군요. (확인)

3 ちゃん / くん

일본에서 상대방을 호칭할 때 이름만 부르는 것은 매우 실례가 된다. 따라서 남녀노소를 불문하고 이름 뒤에는 항상 특정한 호칭을 붙여서 말한다.
어린이 손님의 경우 주로 「ちゃん」 또는 「くん」을 사용하며, 어른의 경우 「さま」 를 붙여 호칭한다.

호칭	대상	예
ちゃん ~양	• 어린 여자 아이 • 어린 남자 아이 • 친근한 대상에게 사용	アラレ(あられ)ちゃん しんちゃん サラン(さらん)ちゃん
くん ~군	• 남자 아이 • 직장 등에서 여성에게 격식을 차릴 때	拓哉(たくや)くん 矢野(やの)くん 志保(しほ)くん
さん ~씨	• 일반적인 호칭	木村(きむら)さん
さま ~님	• 극존칭	ペ ヨンジュン(べ よんじゅん)さま

◆ 친한 친구, 연인, 부부 등 아주 가까운 사이일 경우에는 이름만 부르는 경우도 있다.

더 알고 있으면 좋은 기내 서비스 아이템 명칭

· 新聞(しんぶん) 신문
· スリッパ(すりっぱ) 슬리퍼(slippers)
· 歯ブラシ(はぶらし) 칫솔
· イヤホン(いやほん) 이어폰
· ヘッドホン(へっどほん) 헤드폰
· おもちゃ 장난감
· アメニティー キット(あめにてぃー きっと) 편의용품(amenity kit)

연습 문제

01 손님, 아기 바구니를 준비해 드리겠습니다.

02 베개와 담요입니다.

03 비행기가 흔들릴 때에는 아기를 안아 주세요.

04 실례합니다. 어린이의 선물입니다.

05 안녕하세요, 신짱. 선물이에요.

06 리모컨과 모니터에 손대지 말고 조금만 기다려 주세요.

07 지금은 어떻습니까?

Role Play

1. 아기 바구니를 요청한 승객에게 안전하게 아기 바구니를 서비스해 봅시다.

2. 승객에게 베개와 담요를 서비스해 봅시다.

3. 어린이 승객에게 탑승기념품을 서비스해 봅시다.

4. 기내 오락 시스템(IFE System)에 문제가 발생한 승객을 응대해 봅시다.

TIP!

아기는 언제부터 비행기를 탈 수 있나요?

유아는 생후 7일 이상이면 항공 여행이 가능합니다.
국내 항공사의 경우, 유아의 항공요금은 국제선에서는 성인 정상운임의 10%, 국내선은 무료이며, 이 경우 유아를 위한 별도의 좌석은 제공되지 않기 때문에 보호자가 안고 착석해야 합니다.
만 24개월이 지나면 소아로 구분되어 항공요금이 달라지면서 좌석을 배정받게 됩니다.
유아를 위한 아기 바구니(baby bassinet)는 국제항공 안전규정상 나이에 상관없이 몸무게가 11kg(24.25lb) 이상 또는 신장이 75cm(2.46ft) 이상인 유아는 사용할 수 없습니다.
아기 바구니는 안전을 위해 이륙 후에 설치가 가능하므로 다음과 같이 안내해 드립니다.

〈이륙 전 안내〉

C：あかちゃんの ベッドは 離陸(りりく)のあと ごよういいたします。
安全(あんぜん)のため あかちゃんは ベルト(べると)の 外側(そとがわ)に おだきください。

아기 바구니는 이륙 후 준비해 드리겠습니다.
안전을 위해 아기는 벨트 밖으로 안아주십시오.

〈이륙 후 아기 바구니 준비〉

C：お客(きゃく)さま、あかちゃんの ベッド(べっど)を ごよういいたします。
飛行機(ひこうき)が ゆれるさいには あかちゃんを おだきください。

손님, 아기 바구니를 준비해 드리겠습니다.
비행기가 흔들릴 때에는 아기를 안아주십시오.

UNIT 10

식사 서비스

음성 듣기

주요 학습 내용

- 熱(あつ)いので ご注意(ちゅうい)ください
- ~は 全部(ぜんぶ) 出(で)てしまいました
- Aか Bは いかがですか

서비스 일본어

회화 1 식사 서비스 Track 53

C　お食事(しょくじ)でございます。
　　お食事(しょくじ)は ビビンバ(びびんば)と チキン(ちきん)、お魚(さかな)が ございます。
　　どちらに なさいますか。

P　ビビンバ(びびんば)おねがいします。

C　はい、かしこまりました。どうぞ。
　　こちらは わかめスープ(すーぷ)でございます。
　　熱(あつ)いので ご注意(ちゅうい)ください。
　　どうぞ ごゆっくり。

회화①

식사입니다.
식사는 비빔밥과 닭고기, 생선이 있습니다.
어느 것으로 드시겠습니까?

비빔밥 부탁해요.

네, 알겠습니다. 여기 있습니다.
이것은 미역국입니다.
뜨거우니 주의해 주십시오.
맛있게 드십시오.

회화 2 원하시는 식사가 다 서비스되고 없는 경우 Track 54

C もうしわけございません。
ビビンバ(びびんば)は 全部(ぜんぶ) 出(で)て しまいました。
お魚(さかな)か チキン(ちきん)は いかがですか。
お魚(さかな)も とても おいしいです。

P じゃ、お魚(さかな) ください。

C ありがとうございます。
他(ほか)に ご必要(ひつよう)な ものは ございませんか。

회화②

죄송합니다.
비빔밥은 전부 서비스되고 없습니다.
생선이나 닭고기는 어떻습니까?
생선도 정말 맛있습니다.

그럼, 생선 주세요.

감사합니다.
다른 필요한 것은 없으십니까?

단어 및 표현 Track 55

- □ お食事(しょくじ) 식사
- □ ビビンバ(びびんば) 비빔밥
- □ チキン(ちきん) 닭고기
- □ お魚(さかな) 생선
- □ わかめスープ(すーぷ) 미역국
- □ 熱(あつ)い 뜨겁다
- □ ～ので ~(이)므로, ~때문에
- □ ご注意(ちゅうい)ください 주의해 주십시오
- □ 全部(ぜんぶ) 전부
- □ 出(で)て しまいました 나가버렸습니다
- □ ～か ~(이)나 [or]
- □ ～も [조사] ~도
- □ とても 아주, 매우
- □ おいしい 맛있다
- □ じゃ 그럼 (=では 그러면)

문법 포인트

❶ 熱いので ご注意ください 뜨거우니 주의해 주십시오

승객에게 뜨거운 물수건이나 기내식, 뜨거운 음료를 서비스할 때 필수적으로 사용해야 하는 표현이다.
같은 표현으로 동사 「注意する(주의하다)」 대신 「気を つける(조심하다)」라는 관용어구를 사용하여 「熱いので お気を つけください」를 사용할 수도 있다.

C : お客さま、おしぼりでございます。　손님, 물수건입니다.
　熱いので ご注意ください。　뜨거우니 주의해 주십시오.
C : お客さま、わかめスープでございます。　손님, 미역국입니다.
　熱いので お気を つけください。　뜨거우니 조심해 주십시오.
C : お客さま、コーヒーでございます。　손님, 커피입니다.
　熱いので お気を つけください。　뜨거우니 조심해 주십시오.

＊おしぼり 물수건

❷ ～は 全部 出て しまいました ~은/는 전부 서비스되고 없습니다

승객이 찾는 서비스 아이템이 모두 다 소진되어 없는 경우를 설명하는 표현이다. 이때 정중한 사과의 말과 함께 사용한다.

직역〉 ~은/는 전부 나가 버렸습니다.

해석〉 ~은/는 전부 서비스되고 없습니다.

- ビビンバは 全部 出て しまいました。 비빔밥은 전부 서비스되고 없습니다.
- 毛布は 全部 出て しまいました。 담요는 전부 서비스되고 없습니다.
- 日本の 新聞は 全部 出て しまいました。 일본 신문은 전부 서비스되고 없습니다.

3 Aか Bは いかがですか A나 B는 어떻습니까?

승객에게 어떠한 선택을 하게 할 때 사용할 수 있는 표현이다.

- お魚か チキンは いかがですか。 생선이나 닭고기는 어떻습니까?
- コーヒーか お茶は いかがですか。 커피나 차는 어떻습니까?

▣ 식사 메뉴(お食事の メニュー)

BREAKFAST 아침 식사	NORMAL MEAL 일반 기내식	その他 기타
オムレツ Omelet (오믈렛)	ビビンバ 비빔밥	パン 빵
クレープ Crepe (크레이프)	ビーフ 소고기	ご飯 밥
キッシュ Quiche (키슈)	チキン 닭고기	コチュジャン 고추장
ラザニア Lasagna (라자냐)	お魚 생선	ごま油 참기름
くだもの(フルーツ) 과일	シーフード 해산물	わかめスープ 미역국
おかゆ 죽	ラーメン 라면	みそ汁 된장국

연습 문제

01 손님, 식사입니다.

02 식사는 비빔밥과 닭고기, 생선이 있습니다.

03 어느 것으로 드시겠습니까?

04 이것은 미역국입니다.

05 뜨거우니 주의해 주십시오.

06 죄송합니다. 비빔밥은 전부 서비스되고 없습니다.

07 생선이나 닭고기는 어떻습니까?

Role Play

❶ 승객에게 식사 서비스를 해 봅시다.

❷ 승객에게 서비스되는 식사 메뉴를 소개해 봅시다.

❸ 승객에게 뜨거운 국을 서비스해 봅시다.

❹ 승객이 요청하는 식사가 모두 서비스되고 없을 때 어떻게 대처해야 하는지 말해 봅시다.

❺ 승객이 요청하는 식사가 모두 서비스되고 없을 때 다른 메뉴를 권해 봅시다.

TIP!

특별기내식(スペシャル ミール) 서비스하기

특별기내식(スペシャル ミール)을 서비스하기 전, 승객이 주문한 식사가 맞는지 확인하기 위해 정중하게 승객의 성함을 여쭈어 봅니다.

C : しつれいいたします。

スペシャル ミールの 確認の ため (お子さまの) おなまえを おねがいいたします。

실례합니다.

특별식의 확인을 위해 (어린이의) 성함을 부탁드립니다.

또한 승객이 주문한 특별기내식(スペシャル ミール) 메뉴를 확인할 때는 다음과 같이 여쭤 봅니다.

C : どんな お食事を オーダーなさいましたか。

어떤 식사를 주문(order)하셨습니까?

UNIT 11

와인 & 차 서비스

음성 듣기

주요 학습 내용

- もう ひとつ
- 기내에서 서비스하는 여러 가지 음료

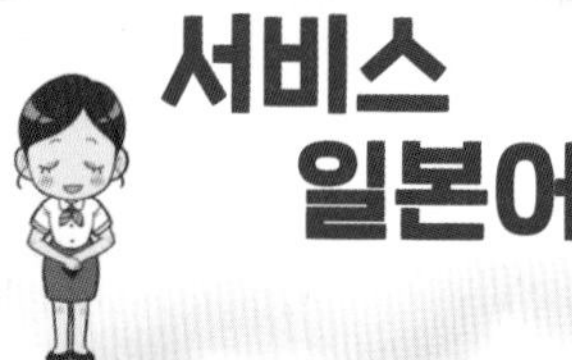

서비스 일본어

회화 1 와인 서비스 Track 56

C ワイン(わいん)は いかがですか。
赤ワイン(あかわいん)と 白ワイン(しろわいん)が ございます。

P 赤(あか) ください。

C はい、かしこまりました。

P おつまみも もう ひとつ ください。

C はい、どうぞ。どうぞ ごゆっくり。

회화 2 녹차 & 홍차 서비스 Track 57

C お客(きゃく)さま、お茶(ちゃ)と 紅茶(こうちゃ)が ございます。

P お茶(ちゃ) ください。

C カップ(かっぷ)を おねがいします。
熱(あつ)いので お気(き)を つけください。
ティーバッグ(てぃーばっぐ)を どうぞ。
どうぞ ごゆっくり。

회화①

와인 드시겠습니까?
레드와인과 화이트와인이 있습니다.
레드와인 주세요.
네, 알겠습니다.
안주도 하나 더 주세요.
네, 여기 있습니다. 맛있게 드십시오.

회화②

손님, 녹차와 홍차가 있습니다.
녹차 주세요.
컵을 부탁 드립니다.
뜨거우니 조심해 주십시오.
티백을 가져 가십시오.
맛있게 드십시오.

회화 3 Refill 서비스 Track 58

C お客(きゃく)さま、おかわりは いかがですか。

P けっこうです。

C どうぞ ごゆっくり。

회화③

손님, 한 잔 더 드시겠습니까?
괜찮습니다.
맛있게 드십시오.

단어 및 표현 Track 59

- □ ワイン(わいん) 와인
- □ 赤(あか) 빨강
- □ 白(しろ) 하양
- □ ください 주세요
- □ おつまみ 안주
- □ もう ひとつ 하나 더
- □ お茶(ちゃ) 차 (일반적으로 녹차를 의미함)
- □ 紅茶(こうちゃ) 홍차
- □ カップ(かっぷ) 컵
- □ ～を ～을, 를
- □ おねがいします 부탁합니다
- □ 熱(あつ)い 뜨겁다, 뜨거운
- □ ～ので ～므로, ～때문에
- □ お気(き)を つけください 조심해 주십시오
- □ ティーバッグ(てぃーばっぐ) 티 백(tea bag)
- □ おかわり 한잔 더, 한 그릇 더(refill)
- □ けっこうです 괜찮습니다 ('사양'의 의미)

문법 포인트

1 もう ひとつ 하나 더

「もう」는 부사로 '더, 이 위에 또'「ひとつ」는 양수사로 '한 개'라는 의미이다.
우리말에서는 '하나 더'와 같이「양수사 + 더」로 표현하지만, 일본어에서는「もう ひとつ」와 같이「もう + 양수사」의 형태로 표현한다.

- おつまみ もう ひとつ ください。 안주 하나 더 주세요.
- コーヒー もう 一杯 ください。 커피 한 잔 더 주세요.
- ワイン もう すこし ください。 와인 조금 더 주세요.

2 기내에서 서비스하는 여러 가지 음료

시원한 음료 冷たい おのみもの			
ジュース類 주스류	• オレンジ ジュース 오렌지 주스	• パイナップル ジュース 파인애플 주스	
	• トマトジュース 토마토 주스	• グアバ ジュース 구아바 주스	
	• アロエジュース 알로에 주스	• みかん ジュース 감귤 주스	
	• アップルジュース(りんごジュース) 사과 주스		
ソフト ドリンク Soft Drink	• コーラ 콜라	• コカコーラ ライト 코카콜라 라이트	
	• サイダー 사이다	• ダイエット セブンアップ 다이어트 세븐업	
	• ジンジャー エール 진저에일(ginger ale)		
	• クラブ ソーダ 클럽소다(club soda)		
	• トニックウォーター 토닉워터(tonic water)		
お酒類 술 종류	• ビール 맥주	• 赤ワイン 레드와인	• ジン 진(gin)
	• ウィスキー 위스키(whisky)	• 白ワイン 화이트와인	
	• ブランデー 브랜디(brandy)	• マッコリ 막걸리	
	• カクテル 칵테일(cocktail)	• ウォッカ 보드카(vodka)	
その他 기타	• お水 물	• 氷 얼음	• 氷水 얼음 물
	• ミルク(牛乳) 우유	• 豆乳 두유	• おつまみ 안주

따뜻한 음료 温(あたた)かい おのみもの

コーヒー類(こーひーるい) 커피류	• コーヒー(こーひー) 커피 • カフェインレス コーヒー(かふぇいんれす こーひー) 디카페인 커피	
お茶類(ちゃるい) 차 종류	• 紅茶(こうちゃ) 홍차 • 玄米茶(げんまいちゃ) 현미녹차 • ウーロン茶(うーろんちゃ) 우롱차	• お茶(ちゃ) 녹차 • 高麗人参茶(こうらいにんじんちゃ) 고려인삼차 • ジャスミン茶(じゃすみんちゃ) 재스민차
その他(ほか) 기타	• お湯(ゆ) 뜨거운 물 • (お)砂糖(さとう) 설탕	• クリーム(くりーむ) 크림 • レモン(れもん) 레몬

식사 서비스 시 Tea & Coffee 서비스

식사를 서비스할 때는 항상 커피와 차를 함께 서비스한다.

아침 식사(BREAKFAST)를 서비스 할 때에는 식사와 함께 따뜻한 음료를 드실 수 있도록 식사 서비스 직후에, 점심(LUNCH)이나 저녁식사(DINNER)를 서비스할 때에는 승객이 식사를 충분히 드신 후 후식의 개념으로 커피와 차를 제공한다.

Tea & Coffee를 서비스할 때는 통상 2명의 승무원이 각각 커피가 담긴 coffee pot와 뜨거운 물이 담긴 tea pot를 가지고 서비스한다.

만약 승객이 내가 서비스하는 차와 다른 종류의 것을 요청할 때는 다음과 같이 말한다.

C: コーヒー(こーひー)は 他(ほか)の 乗務員(じょうむいん)が サービス(さーびす)いたします。

커피는 다른 승무원이 서비스하겠습니다.

C: お茶(ちゃ)は 他(ほか)の 乗務員(じょうむいん)が サービス(さーびす)いたします。

차는 다른 승무원이 서비스하겠습니다.

연습 문제

01 와인 드시겠습니까?

02 레드와인과 화이트와인이 있습니다.

03 홍차와 녹차가 있습니다.

04 뜨거우니 조심해 주십시오.

05 티백을 가져 가십시오.

06 설탕과 레몬은 어떻습니까?

07 손님, 한잔 더 드시겠습니까?

Role Play

1. 승객에게 와인 서비스를 해 봅시다.

2. 승객에게 식사 후 커피 서비스를 해 봅시다.

3. 승객에게 식사 후 차 서비스를 해 봅시다.

4. 식사 중인 승객에게 와인 리필 서비스를 해 봅시다.

5. 승객에게 커피와 차 리필 서비스를 해 봅시다.

일본 승객들이 이야기하는 「けっこうです」의 의미?

일본인 승객을 응대하다 보면 「けっこうです」라는 표현을 자주 들을 수 있습니다.
이 말은 상대방의 제안이나 권유를 거절할 때 주로 쓰이며 “괜찮습니다”, “됐습니다”라는 「遠慮(えんりょ)(사양)」의 의미를 나타냅니다.
일본 사람들은 다른 사람에게 「迷惑(めいわく)(성가심, 폐)」를 끼치거나 번거롭게 하는 행동을 대단히 불편하게 생각합니다.
따라서 예기치 않은 승무원의 서비스에 무심코 「けっこうです」라고 사양하는 경우가 있지만 2~3번 권유하면 기쁘게 받는 경우도 많습니다.
일본인 승객이 「けっこうです」라고 이야기할 때에는 정말 사양하는 것인지, 아니면 체면을 차리는 것인지를 센스 있게 잘 파악하여 응대해야 합니다.

UNIT 12

입국 서류

음성 듣기

주요 학습 내용

- ~まで いらっしゃいますか
- ~んですが

서비스 일본어

회화 1 한국 입국 Track 60

C 韓国(かんこく)まで いらっしゃいますか。

P はい。

C 税関申告書(ぜいかんしんこくしょ) ご必要(ひつよう)ですか。

P 申告(しんこく)するものが ないんですが…。

C 申告(しんこく)するものが なければ けっこうです。

회화①

한국까지 가십니까?

네.

세관신고서 필요하십니까?

신고할 것이 없는데요….

신고할 것이 없으면 필요 없습니다.

회화 2 일본 입국 Track 61

C お客さま、税関申告書でございます。

P 申告するものが ないんですが…。

C 申告するものが なくても 必ず ご必要です。
税関申告書は ご家族に 1枚です。

회화 3 한국에서 환승하는 승객 Track 62

C ソウルまで いらっしゃいますか。

P いいえ、乗り継ぎです。

C では、けっこうです。

회화②

손님, 세관신고서입니다.
신고할 것이 없는데요….
신고할 것이 없어도 반드시 필요합니다.
세관신고서는 가족당 1장입니다.

회화③

서울까지 가십니까?
아니요, 환승입니다.
그러면 (작성하실) 필요 없습니다.

단어 및 표현 Track 63

- □ ～まで ～까지
- □ いらっしゃいますか 가십니까?
- □ 税関申告書 세관신고서
- □ ご必要です 필요합니다
- □ 申告するもの 신고할 것
- □ ない 없다
- □ ～んですが ～입니다만
- □ なければ 없으면
- □ けっこうです 됐습니다, 필요 없습니다
- □ なくても 없어도
- □ 必ず 반드시
- □ ご家族 가족
- □ ～に ～당
- □ 1枚 1장
- □ 乗り継ぎ 환승

문법 포인트

1 ~までいらっしゃいますか ~까지 가십니까?

승객에게 최종 목적지를 물어 볼 때 사용하는 표현이다. 동사 「いらっしゃいます」는 일반 동사의 경어처럼 규칙에 따라 변화하는 동사가 아니라 특별한 형태의 경어이므로 일본어를 공부할 때 별도로 암기해야 한다.

〈특별 경어의 예〉

보통어	존경어 ~십니다 (상대방을 높이는 표현)	겸양어 ~겠습니다 (나를 낮추는 표현)	예문
します 하다	なさいます 하십니다	いたします 하겠습니다	何(なに)に なさいますか。 무엇으로 하시겠습니까?
います 있습니다	いらっしゃいます 계십니다	おります 있습니다	木村(きむら)さん いらっしゃいますか。 기무라 씨 계십니까?
行(い)きます 갑니다	いらっしゃいます 가십니다	まいります 갑니다	ソウル(そうる)まで いらっしゃいますか。 서울까지 가십니까?
来(き)ます 옵니다	いらっしゃいます 오십니다	まいります 옵니다	日本(にほん)から いらっしゃいましたか。 일본에서 오셨습니까? * ~から　~에서, ~부터

◆ 규칙에 따라 변화하는 동사의 경어

お + 동사의 ます형 + になりますか ~(하)시겠습니까?

お + 동사의 ます형 + いたします ~(해) 드리겠습니다

2 ～んですが ～입니다만

「～ですが……」는 '～입니다만……'이라는 뜻으로, 일반적으로 말줄임표 부분에는 미처 말로 표현하지 못한 내용이 생략되어 있다. 직설적인 표현을 쓰는 것을 꺼려하는 일본인 승객이 자주 쓰는 표현이므로 잘 알아듣고 기내에서의 소통에 도움이 되도록 한다.

「～んですが……」에 서 「～ですが……」앞의 「ん」은 특별한 의미 없이 말을 부드럽게 하기 위해 들어간 것으로 일상 회화에서 매우 흔하게 들을 수 있는 표현이다.

- 申告(しんこく)する ものが ないんですが……。 신고할 것이 없습니다만…….
- あの、寒(さむ)いんですが……。 저, 추운데요…….
- すこし 暑(あつ)いんですが……。 조금 더운데요…….

◆ 「～ですが……」는 의지를 직접적으로 표현하지 못한 아쉬움을 표현하므로 억양을 내린다. 문장 끝의 억양을 올리는 의문형 어미 「～ですか」와 잘 구별해서 이해하도록 한다.

입국서류 용어 알기

우리말 용어	일본어 표기	설명하는 방법
입국 카드	入国(にゅうこく)カード(かーど)	-
성명	氏名(しめい)	おなまえ (お名前(なまえ))
생년월일	生年月日(せいねんがっぴ)	せいねんがっぴ
여권번호	旅券番号(りょけんばんごう)	パスポート ナンバー(ぱすぽーと なんばー)
직업	職業(しょくぎょう)	おしごと (お仕事(しごと))
여행목적	旅行目的(りょこうもくてき)	りょこう もくてき
항공편명	航空便名(こうくうびんめい)	フライト ナンバー(ふらいと なんばー)
주소	住所(じゅうしょ)	ごじゅうしょ
전화번호	電話番号(でんわばんごう)	でんわばんごう
서명	署名(しょめい)	サイン(さいん)

01 한국까지 가십니까?

02 세관신고서 필요하십니까?

03 신고할 것이 없으면 필요 없습니다.

04 신고할 것이 없어도 반드시 필요합니다.

05 세관신고서는 가족당 1장입니다.

06 손님, 환승하십니까?

07 그러면 필요 없습니다.

Role Play

1. 일본 국적의 승객이 일본에 입국할 때의 입국 서류를 서비스해 봅시다.

2. 일본 국적의 승객이 한국에 입국할 때의 입국 서류를 서비스해 봅시다.

3. 환승하는 일본인 승객에게 입국서류에 관한 안내를 해 봅시다.

TIP!

입국서류 쓰는 법 入国書類の 書き方

일본 국적을 가진 사람이 작성하는 입국서류는 다음과 같습니다.

1) 한국 입국 시 : 세관신고서는 신고할 물건이 있을 경우에만 가족당 1부를 작성합니다.
(2023. 11 기준, 입국 카드 작성 불필요)

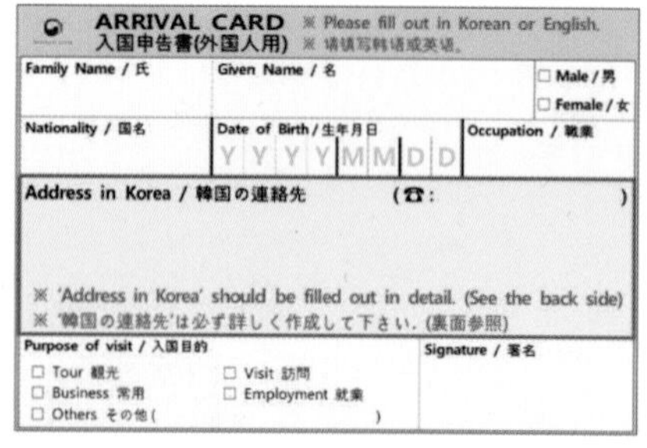

ARRIVAL CARD 入国申告書(外国人用) ※ Please fill out in Korean or English. ※ 请填写韩语或英语。

Family Name / 氏	Given Name / 名	□ Male / 男 □ Female / 女
Nationality / 国名	Date of Birth / 生年月日 Y Y Y Y M M D D	Occupation / 職業

Address in Korea / 韓国の連絡先 (☎ :)

※ 'Address in Korea' should be filled out in detail. (See the back side)
※ '韓国の連絡先'は必ず詳しく作成して下さい。(裏面参照)

Purpose of visit / 入国目的	Signature / 署名
□ Tour 観光 □ Visit 訪問 □ Business 常用 □ Employment 就業 □ Others その他 ( )	

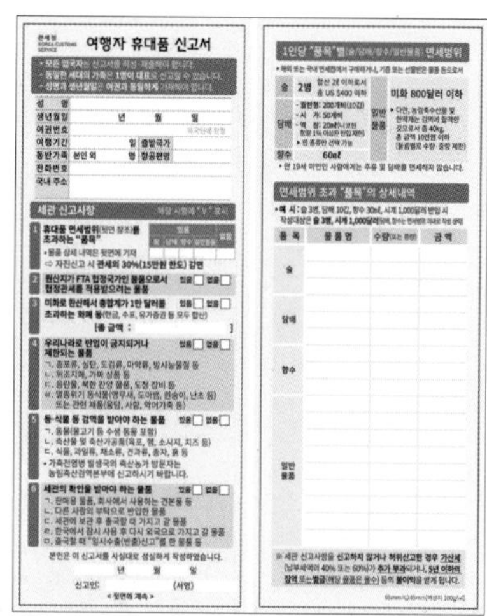

여행자 휴대품 신고서

1인당 '품목'별 면세범위

세관 신고사항

면세범위 초과 '품목'의 상세내역

2) 일본 입국 시 : 세관신고서(휴대품・별송품신고서)를 가족당 1부 작성합니다. 별송품이 있을 경우, 별송품에 대한 세관신고서를 1부 더 작성합니다.

※ '별송품'이란 입국할 때 휴대하지 않고 택배 등의 방법을 이용하여 별도로 보내는 짐(이삿짐 등)을 말합니다

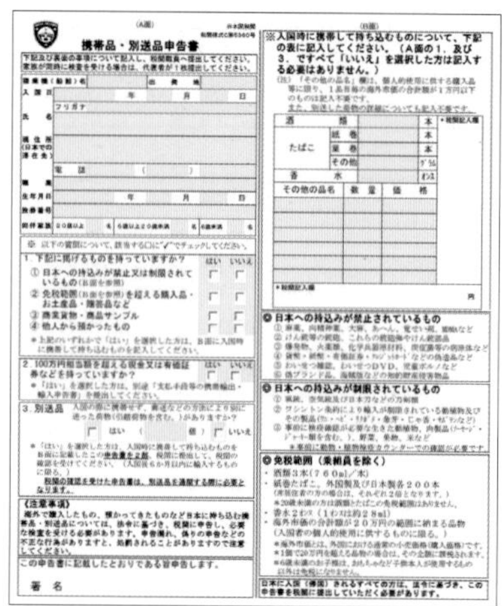

携帯品・別送品申告書

※ 일본 입국 시 면세 범위 (성인 1인 / 2021. 10~)

주류	3병 (760ml / 1병)	향수	2온스 (1온스는 약 28ml)
담배	궐련 200개비 or 엽초 50개비 or 기타 담배 250g	기타 물품	20만 엔 (해외 구입 가격의 합계액)

(20세 미만의 경우, 주류와 담배가 면세되지 않음)

UNIT 13

기내 판매

음성 듣기

주요 학습 내용

- ~お預(あず)かりいたします
- 全部(ぜんぶ)で
- 금액 읽기

서비스 일본어

회화 1 판매 안내 & 결제 수단 Track 64

C 免税品(めんぜいひん)の 機内販売(きないはんばい)でございます。
ご注文(ちゅうもん)は ございませんか。

P これ ください。

C はい、かしこまりました。
キャッシュ(きゃっしゅ)ですか、カード(かーど)ですか。

회화 2 카드 결제 Track 65

C お客(きゃく)さま、カード(かーど)を お預(あず)かりいたします。
こちらに 英語(えいご)で お名前(なまえ)と サイン(さいん)を おねがいいたします。

・・・・・・・・・・・・・・・

C カード(かーど)と レシート(れしーと)でございます。
ありがとうございました。

회화①

면세품 기내 판매입니다.
주문은 없으십니까?

이거 주세요.

네, 알겠습니다.
현금입니까? 카드입니까?

회화②

손님, 카드 받았습니다.
여기에 영어로 성함과 사인을 부탁합니다.

・・・・・・・・

카드와 영수증입니다.
감사합니다.

회화 3 현금결제 Track 66

P 全部(ぜんぶ)で いくらですか。

C 5,800円(ごせんはっぴゃくえん)で ございます。

P はい。

C 10,000円(いちまんえん) お預(あず)かりいたします。
4,200円(よんせんにひゃくえん)の おつりでございます。ありがとうございました。

회화③

전부 다 해서 얼마입니까?
5,800엔입니다.
여기 있어요.
10,000엔 받았습니다.
거스름돈 4,200엔입니다.감사합니다.

회화 4 단거리 노선 [일부 면세품 판매 시] Track 67

C おそれいりますが、この 区間(くかん)では こちらの アイテム(あいてむ)だけ ございます。
こちらの 案内書(あんないしょ)を ご覧(らん)ください。

회화④

실례지만, 이 구간에서는 이쪽의 아이템만 있습니다.
이쪽의 안내서를 봐 주십시오.

단어 및 표현 Track 68

- □ 免税品(めんぜいひん) 면세품
- □ 機内販売(きないはんばい) 기내 판매
- □ ご注文(ちゅうもん) 주문
- □ キャッシュ(きゃっしゅ) 현금(cash)
- □ カード(かーど) 카드(card)
- □ お預(あず)かりいたします 받았습니다, 보관해 드리겠습니다
- □ お名前(なまえ) 성함
- □ サイン(さいん) 사인(sign)
- □ レシート(れしーと) 영수증(receipt)
- □ 全部(ぜんぶ)で 전부 다 해서
- □ いくらですか 얼마입니까?
- □ おつり 거스름돈
- □ 区間(くかん) 구간
- □ アイテム(あいてむ) 아이템(item)
- □ ～だけ ~만
- □ 案内書(あんないしょ) 안내서
- □ ご覧(らん)ください 봐 주십시오

문법 포인트

1 ~お預(あず)かりいたします ~받았습니다

「お預(あず)かりいたします」는 '받았습니다, 보관해 드리겠습니다'라는 뜻으로, 승무원이 승객의 현금이나 카드를 수수했을 때 또는 승무원이 승객의 물건을 보관해 주는 경우에 확인차 반드시 사용해야 하는 표현이다.

- カード(かーど) お預(あず)かりいたします。 카드 받았습니다.
- 1万円(まんえん) お預(あず)かりいたします。 만 엔 받았습니다.
- お荷物(にもつ)は こちらに お預(あず)かりいたします。 짐은 여기에 보관해 드리겠습니다.

2 全部(ぜんぶ)で 전부 다 해서

「全部(ぜんぶ)で」는 '전부 다 해서, 통틀어서'라는 뜻이다.

- 全部(ぜんぶ)で いくらですか。 다 해서 얼마입니까?
- 全部(ぜんぶ)で 5,000円(ごせんえん)です。 다 해서 5,000엔입니다.
- 全部(ぜんぶ)で いいですか。 전부 다 해서 괜찮습니까?

3 금액 읽기

일본어로 금액을 읽는 방법은 우리말 표현과 같다. 다만 뒤에 오는 단위에 따라 앞에 붙은 숫자와 단위를 읽는 발음이 달라지는 경우가 있으니 이 점에 유의한다.

예 $ 56 오 + 십 + 육 + 달러 ⇨ ご＋じゅう＋ろく＋ドル

¥ 3,600 삼 + 천 + 육 + 백 + 엔 ⇨ さん＋せん＋ろく＋ひゃく＋円（×）
さん＋ぜん＋ろっ＋ぴゃく＋円（○）

₩ 12,800 만 + 이 + 천 + 팔 + 백 + 원
⇨ まん＋に＋せん＋はち＋ひゃく＋ウォン（×）
いち＋まん＋に＋せん＋はっ＋ぴゃく＋ウォン（○）

	10		100		1,000		10,000	
1	―		―	ひゃく	―	せん	いち	
2	に		に	ひゃく	に	せん	に	
3	さん		さん	びゃく	さん	ぜん	さん	
4	よん		よん	ひゃく	よん	せん	よん	
5	ご	じゅう	ご	ひゃく	ご	せん	ご	まん
6	ろく		ろっ	ぴゃく	ろく	せん	ろく	
7	なな		なな	ひゃく	なな	せん	なな	
8	はち		はっ	ぴゃく	はっ	せん	はち	
9	きゅう		きゅう	ひゃく	きゅう	せん	きゅう	
10	―		―	―	―	―	じゅう	

★ いくらですか

チョコレート(ちょこれーと) 초콜릿	ウィスキー(うぃすきー) 위스키	たばこ 담배	口紅(くちべに) 립스틱	コンパクト(こんぱくと) 콤팩트
$38	$175	$12	$24	$47
¥3,800	¥17,600	¥1,200	¥2,400	¥4,800
42,000원	192,000원	13,000원	26,000원	52,000원

사전 예약 주문서 접수 받기

C: こちらの 予約注文書(よやくちゅうもんしょ)を お書(か)きください。 이쪽의 예약주문서를 써 주십시오.

お帰(かえ)りの 便(びん)に ご用意(ようい)いたします。 귀국 편에 준비해 드립니다.

현금 결제 시 거스름돈이 부족하여 손님께 잔돈을 요청할 때

C: お客(きゃく)さま、こまかい お金(かね)は ございませんか。 손님, 잔돈은 없으십니까?

* こまかい お金(かね) 잔돈

환승 승객에게 액체류 면세품 개봉 금지를 안내할 때

C: 目的地(もくてきち)まで ふくろを 開(あ)けないで ください。 목적지까지 봉투를 열지 말아 주세요.

연습 문제

01 면세품 기내 판매입니다.

02 주문은 없으십니까?

03 현금입니까? 카드입니까?

04 손님, 카드 받았습니다.

05 여기에 영어로 성함과 사인을 부탁합니다.

06 카드와 영수증입니다.

07 이쪽의 안내서를 봐 주십시오.

08 거스름돈입니다.

09 이 구간에서는 이쪽 아이템만 있습니다.

Role Play

❶ 승객에게 기내 면세품 판매에 대한 안내를 해 봅시다.

❷ 기내 면세품을 구입하는 승객에게 결제 방법에 대해 여쭤 봅시다.

❸ 신용카드로 결제하는 승객에게 면세품을 판매해 봅시다.

❹ 현금으로 결제하는 승객에게 면세품을 판매해 봅시다.

❺ 승객에게 일부 기내 면세품만 판매하는 단거리 노선에 대한 안내를 해 봅시다.

TIP!

일본의 화폐 & 여러 나라의 화폐 단위

일본의 화폐 단위는 엔(円)이며, 동전은 1円, 5円, 10円, 50円, 100円, 500円 6종류가 있고, 지폐는 1,000円, 2,000円, 5,000円, 10,000円 4종류가 있습니다.

일본에서 물건을 구입할 때는 우리나라의 부가가치세에 해당하는 소비세(消費税)가 부가됩니다. (상품 금액의 10%)

이 때 1円 단위까지 정확히 계산되어 지불해야 함으로 1円 동전 하나도 빠짐없이 잘 챙겨 다니는 것이 편리합니다.

또한, 일본은 규모가 큰 쇼핑센터나 레스토랑에서는 대부분 신용카드로 결제가 가능하지만, 작은 음식점이나 가게에서 물건을 구입하거나 대중교통 수단을 이용할 때는 현금 결제만 가능한 경우가 있으므로 일본 여행 시에는 여유 있게 환전하여 현금을 소지하는 것이 안전합니다.

★ 기내에서 수수하는 여러 나라의 화폐 단위

韓国 ウォン	한국 원	₩
日本 円	일본 엔	¥
アメリカ ドル	미국 달러	$
中国 ユアン	중국 위안	元
欧州 ユーロ	EU 유로	€

UNIT 14

시간 & 시차 안내

음성 듣기

주요 학습 내용

- Aから Bまで
- 시간 읽기

서비스 일본어

회화 1 현재 시각 & 시차 안내 Track 69

P すみません。ソウル(そうる)は今(いま) 何時(なんじ)ですか。

C ソウル(そうる)は今(いま) 午前(ごぜん) 8時(じ) 半(はん)です。
ロサンゼルス(ろさんぜるす)と ソウル(そうる)の 時差(じさ)は 17時間(じかん)です。

P あ、そうですか。 ありがとう。

회화 2 비행시간 안내 Track 70

P すみません。ソウル(そうる)から 東京(とうきょう)までは 何時間(なんじかん)ですか。

C ソウル(そうる)から 東京(とうきょう)までの 飛行時間(ひこうじかん)は 2時間(じかん)です。
あと 30分(ぷん) 後(ご)に 到着(とうちゃく) します。

P どうも。

C どういたしまして。

회화①

실례합니다. 서울은 지금 몇 시입니까?

서울은 지금 오전 8시 반입니다.
로스앤젤레스와 서울의 시차는 17시간입니다.

아, 그래요. 고마워요.

회화②

실례합니다. 서울에서 도쿄까지는 몇 시간입니까?

서울에서 도쿄까지의 비행시간은 2시간입니다.
앞으로 30분 후에 도착합니다.

고마워요.

천만에요.

단어 및 표현

Track 71

- □ 今(いま) 지금
- □ 何時(なんじ) 몇 시
- □ 午前(ごぜん) 오전
- □ 午後(ごご) 오후
- □ 時差(じさ) 시차
- □ 半(はん) 반(30분)
- □ 時間(じかん) 시간
- □ ～から ～에서, ～부터
- □ ～まで ～까지
- □ 何時間(なんじかん) 몇 시간
- □ 飛行時間(ひこうじかん) 비행 시간
- □ あと 앞으로
- □ 後(ご) 후
- □ 到着(とうちゃく)します 도착합니다
- □ どういたしまして 천만에요

문법 포인트

1 AからBまで A(에서)부터 B까지

「~から」는 '~부터, ~에서', 「~まで」는 '~까지'를 의미하는 조사이다. 시간이나 장소의 시작점과 종점을 나타내는 표현이다.

- ソウルから ロサンゼルスまで 何時間ですか。 서울에서 로스앤젤레스까지 몇 시간입니까?
- ロスから 東京までの 飛行時間は 13時間です。 L.A.에서 도쿄까지의 비행시간은 13시간입니다.
- 映画は 何時から 何時まででですか。 영화는 몇 시부터 몇 시까지입니까?

2 시간 읽기

일본어에서는 「時(시)」나 「分(분)」과 같이 숫자를 세는 단위를 조수사라고 한다. 일본어로 시간을 읽는 방법은 우리말의 순서와 동일하다. 그러나, 조수사를 붙여 읽을 경우에는 일부 숫자의 발음이 달라지는 경우가 있으므로 유의해서 암기해야 한다.

- Q: いま 何時 何分ですか。 지금 몇 시 몇 분입니까?
- A: 午前 ○時 ○ 分 です。 오전 ○시 ○분입니다.
  午後 ○時 ○ 分 です。 오후 ○시 ○분입니다.

◆ **시침 읽는 법**

〈중요!〉 4시 : よん+じ（×） ➪ よじ（◯）
7시 : なな+じ（×） ➪ しちじ（◯）
9시 : きゅう+じ（×） ➪ くじ（◯）

いちじ
1時

にじ
2時

さんじ
3時

よじ
4時

ごじ
5時

ろくじ
6時

しちじ
7時

はちじ
8時

くじ
9時

じゅうじ
10時

じゅういちじ
11時

じゅうにじ
12時

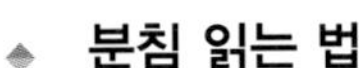

◆ 분침 읽는 법

숫자 + 分(ふん / ぷん)

〈중요!〉 1, 3, 4, 6, 8, 10분 ⇨ ぷん
2, 5, 7, 9분 ⇨ ふん

* 빨간 숫자는 조수사와 더불어 숫자 읽는 방법에 유의해야 함.

1 分	いっぷん	15 分	じゅうごふん
2 分	にふん	20 分	にじゅっぷん
3 分	さんぷん	25 分	にじゅうごふん
4 分	よんぷん	30 分	さんじゅっぷん
5 分	ごふん	35 分	さんじゅうごふん
6 分	ろっぷん	40 分	よんじゅっぷん
7 分	ななふん	45 分	よんじゅうごふん
8 分	はっぷん	50 分	ごじゅっぷん
9 分	きゅうふん	55 分	ごじゅうごふん
10 分	じゅっぷん (じっぷん)	何分	なんぷん

◆ 「半(はん)」는 '반, 30분'을 표현할 때 쓰는 시간의 표시이다.

※비행 시간 말하기

1시간	1時間 (いちじかん)	7시간	7時間 (しちじかん)
2시간	2時間 (にじかん)	8시간	8時間 (はちじかん)
3시간	3時間 (さんじかん)	9시간	9時間 (くじかん)
4시간	4時間 (よじかん)	10시간	10時間 (じゅうじかん)
5시간	5時間 (ごじかん)	11시간	11時間 (じゅういちじかん)
6시간	6時間 (ろくじかん)	12시간	12時間 (じゅうにじかん)

연습 문제

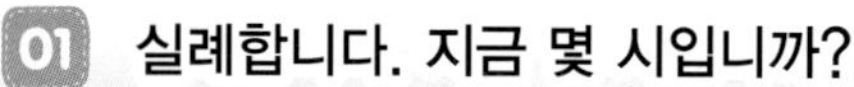

01 실례합니다. 지금 몇 시입니까?

02 서울은 지금 오전 8시 반입니다.

03 도쿄는 지금 오후 4시입니다.

04 로스앤젤레스와 도쿄의 시차는 17시간입니다.

05 서울에서 도쿄까지의 비행시간은 2시간입니다.

06 앞으로 30분 후에 도착합니다.

07 천만에요.

Role Play

1. 승객에게 현재 시각을 안내해 봅시다.
2. 승객에게 서울과 로스앤젤레스의 시차를 안내해 봅시다.
3. 서울과 여러 나라 사이의 시차를 말해 봅시다.
4. 승객에게 서울과 도쿄 구간의 비행시간을 안내해 봅시다.
5. 승객에게 목적지까지 남은 비행시간이 얼마인지 안내해 봅시다.

TIP!

일본의 황금 연휴「ゴールデン ウィーク」

(Golden Week)

「ゴールデンウィーク」는 일본 최대의 연휴 기간으로 4월 말부터 5월 초까지의 공휴일에 주말이나 대체 휴일을 포함하여 짧게는 7일, 길게는 10일 이상 쉬게 됩니다.

4月 29日	昭和の日 쇼와의 날	일본 쇼와(昭和) 시대의 124대 천황 히로히토(裕仁,1926~1989 재위)의 생일 [2005년 공휴일법 개정 이후 지정]
5月 3日	憲法記念日 헌법 기념일	우리나라의 제헌절에 해당하는 날로, 일본 헌법이 시행된 날
5月 4日	緑の日 녹색의 날	자연의 은혜에 감사하며 제정된 '녹색의 날'에는 지역마다 국공립공원 무료개방, 자연 친화를 위한 각종 행사가 열림
5月 5日	こどもの日 어린이날	일본에서 5월 5일은 어린이 중에서도 남자 어린이를 위한 날로, 아이가 무사히 건강하게 자라기를 바라는 마음으로 잉어 모양 인형(こいのぼり)을 집 밖에 걸어 깃발처럼 휘날리게 함 ＊ 여자 어린이를 위한 날 : 3月 3日 ひな祭り

* 5月 1日 노동절(メーデー)은 법정 공휴일은 아니지만, 많은 기업에서 휴일로 지정하고 있습니다.

5

SUN	MON	TUE	WED	THU	FRI	SAT
	1	2	3	4	5	6
7	8	9	10	11	12	13
14	15	16	17	18	19	20
21	22	23	24	25	26	27
28	29	30	31			

UNIT 15

환자 & 어린이 승객 응대

음성 듣기

주요 학습 내용

- 頭(あたま)が 痛(いた)いんですが
- 어린이 승객과의 대화

서비스 일본어

회화 1 환자 승객 응대 Track 72

P すみません、頭(あたま)が 痛(いた)いんですが……。

C 大丈夫(だいじょうぶ)ですか、お客(きゃく)さま。

P お薬(くすり) ありますか。

C タイレノール(たいれのーる)が ございます。
薬(くすり)の アレルギー(あれるぎー)は ございませんか。

P はい。

C すぐ お持(も)ちいたします。

……………

C お客(きゃく)さま、お待(ま)たせいたしました。
どうぞ お大事(だいじ)に。

회화①

실례합니다. 머리가 아픈데요…….
괜찮으십니까, 손님?
약 있어요?
타이레놀이 있습니다.
약에 알러지는 없으십니까?
네.
곧 가져다 드리겠습니다.

……

손님, 오래 기다리셨습니다.
몸조리 잘 하십시오.

회화 ② 어린이 승객 응대 Track 73

■ 이름 물어보기

こんにちは。おなまえは。

■ 나이 물어보기

いくつ？/いくつですか。

■ waiting

ちょっと待(ま)ってね。

■ farewell 인사

またね。

회화②

안녕하세요. 이름은?

몇 살? / 몇 살이에요?

조금만 기다려 주세요.

또 봐요.

단어 및 표현 Track 74

- □ 頭(あたま)が痛(いた)い 머리가 아프다
- □ 大丈夫(だいじょうぶ)です 괜찮습니다
- □ お薬(くすり) 약
- □ タイレノール(たいれのーる) 타이레놀
- □ アレルギー(あれるぎー) 알러지
- □ すぐ 곧, 바로
- □ お持(も)ちいたします 가져다 드리겠습니다
- □ お待(ま)たせいたしました 오래 기다리셨습니다
- □ どうぞお大事(だいじ)に 몸조리 잘 하십시오
- □ おなまえ 이름
- □ いくつ 몇 살
- □ ちょっと 조금, 잠깐
- □ 待(ま)ってね 기다려 주세요
- □ また 또
- □ ～ね ~지요, ~군요(친밀감을 나타내는 어미)

문법 포인트

1 頭(あたま)が 痛(いた)いんですが 머리가 아픈데요

신체 부위가 아플 때 「～が 痛(いた)い」라고 표현한다. 「痛(いた)い」뒤의 「～んですが……」는 '～입니다만……'이라는 뜻으로 직설적인 표현을 잘 쓰지 않는 일본인 승객들이 자주 쓰는 표현이다. 말줄임표 부분에 생략된 의미를 잘 파악하여 고객을 응대 할 수 있도록 한다.

- すみません、頭(あたま)が 痛(いた)いんですが……。 실례합니다, 머리가 아픈데요…….
- あの、お腹(なか)が 痛(いた)いんですが……。 저, 배가 아픈데요…….
- 耳(みみ)が 痛(いた)いんですが……。 귀가 아픈데요…….
- 歯(は)が 痛(いた)いんですが……。 이가 아픈데요…….

- **Q:** 「気持(きも)ちが 悪(わる)いんですが……」의 뜻은?

気持(きも)ち 기분 + 悪(わる)い 나쁘다 ⇨

- **A:** 멀미가 나는데요…….

2 어린이 승객과의 대화

어린이 승객과 대화를 할 때는 극존칭 표현을 사용하는 대신 편안하고 친근한 존대의 표현으로 다가가도록 한다.
친근함을 나타내는 표현으로는 말하듯이 설명하는 「～ですよ(～이에요)」, 확인이나 공감하는 의미의 「～ですね(～이군요)」, 같이 하자고 청유하는 「～ましょう(～합시다)」 등의 표현을 사용할 수 있다.

좌석 번호 확인 안내	28A군요.	28の Aですね。
좌석 번호 확인 안내	이쪽이에요.	こちらですよ。
	같이 갑시다.	いっしょに 行(い)きましょう。
식사 서비스	아주 맛있어요.	とても おいしいですよ。
공감의 표현	그렇게 할까요?	そう しましょうか。

※ 약을 드신 승객에게 다시 한번 contact 하기!

C: お客(きゃく)さま、ご気分(きぶん)は いかがですか。大丈夫(だいじょうぶ)ですか。

P: だいぶ よく なりました。ありがとう。

C: それは よかったです。他(ほか)に ご必要(ひつよう)な ものは ございませんか。

C : 손님, 기분은 어떠십니까? 괜찮으십니까?
P : 많이 좋아졌습니다. 고마워요.
C : (그것은) 다행입니다. 다른 필요하신 것은 없으십니까?

연습 문제

01 손님, 괜찮으십니까?

02 약에 알러지는 없으십니까?

03 금방 가져다 드리겠습니다.

04 몸조리 잘 하십시오.

05 안녕하세요, 이름은?

06 몇 살이에요?

07 또 봐요.

1. 몸이 불편해서 약을 찾으시는 승객에게 약을 제공해 봅시다.
2. 어린이 승객에게 인사를 하며 이름을 물어봅시다.
3. 어린이 승객에게 친근하게 다가가서 나이를 물어봅시다.
4. 어린이 승객에게 조금만 기다려 달라고 말해 봅시다.
5. 어린이 승객에게 환송 인사를 해 봅시다.

TIP!

병명, 약 이름 및 Baby Item 관련 명칭

아픈 증상	
頭（あたま）	머리
お腹（おなか）	배
耳（みみ）	귀
胃（い）	위
歯（は）	이, 치아
痛い（いたい）	아프다
気持ち（きもち）	기분
顔色（かおいろ）	안색
悪い（わるい）	나쁘다
熱（ねつ）	열
体温計（たいおんけい）	체온계

병명	
風邪（かぜ）	감기
持病（じびょう）	지병
心臓病（しんぞうびょう）	심장병
糖尿病（とうにょうびょう）	당뇨병
腎臓病（じんぞうびょう）	신장병

약 이름	
タイレノール	타이레놀
正露丸（せいろがん）	정로환
バンドエイド	반창고
1錠（いちじょう）	한 알

의사 & 간호사	
お医者さま（おいしゃさま）	의사 선생님
看護師さん（かんごしさん）	간호사

Baby Item	
おもちゃ	장난감
お土産（おみやげ）	기념품
お絵かき（おえかき）	그림 그리기
ぬりえ	색칠공부
シール	스티커
赤ちゃんの ベッド （あかちゃんの べっど）	아기 바구니
おしめ	기저귀
離乳食（りにゅうしょく）	이유식
おてふき	1회용 물티슈

메모

부록

● 날짜 말하기

Q : 今日(きょう)は 何月(なんがつ) 何日(なんにち)ですか。 오늘은 몇 월 몇 일입니까?

A : ○月(がつ) ○日(にち)です。 ○월 ○일입니다.

月	읽는 법	月	읽는 법	月	읽는 법
1	いちがつ	5	ごがつ	9	くがつ
2	にがつ	6	ろくがつ	10	じゅうがつ
3	さんがつ	7	しちがつ	11	じゅういちがつ
4	しがつ	8	はちがつ	12	じゅうにがつ

日	읽는 법	日	읽는 법	日	읽는 법
1	ついたち	11	じゅういちにち	21	にじゅういちにち
2	ふつか	12	じゅうににち	22	にじゅうににち
3	みっか	13	じゅうさんにち	23	にじゅうさんにち
4	よっか	14	じゅうよっか	24	にじゅうよっか
5	いつか	15	じゅうごにち	25	にじゅうごにち
6	むいか	16	じゅうろくにち	26	にじゅうろくにち
7	なのか	17	じゅうしちにち	27	にじゅうしちにち
8	ようか	18	じゅうはちにち	28	にじゅうはちにち
9	ここのか	19	じゅうくにち	29	にじゅうくにち
10	とおか	20	はつか	30	さんじゅうにち
				31	さんじゅういちにち

● 요일 말하기

Q : 今日(きょう)は 何曜日(なんようび)ですか。 오늘은 무슨 요일입니까?

A : ○ 曜日です。 ○ 요일입니다.

曜日	月	火	水	木	金	土	日
읽는 법	げつ ようび	か ようび	すい ようび	もく ようび	きん ようび	ど ようび	にち ようび

과거	현재	미래
昨日(きのう) 어제	今日(きょう) 오늘	明日(あした) 내일
先週(せんしゅう) 지난 주	今週(こんしゅう) 이번 주	来週(らいしゅう) 다음 주
先月(せんげつ) 지난 달	今月(こんげつ) 이번 달	来月(らいげつ) 다음 달
去年(きょねん) 작년	今年(ことし) 올해, 금년	来年(らいねん) 내년, 다음해

● 과거형으로 묻고 답하기

Q : 昨日(きのう)は 何月(なんがつ) 何日(なんにち)でしたか。 어제는 몇월 몇일이었습니까?

A : ○ 月(がつ) ○ 日(にち)でした。 ○ 월 ○ 일이었습니다.

Q : 昨日(きのう)は 何曜日(なんようび)でしたか。 어제는 무슨 요일이었습니까?

A : ○ 曜日(ようび)でした。 ○ 요일이었습니다.

● 조수사

(1) 물건 세기

・いくつ (幾つ : 몇 개, 몇 살 / 개수·나이를 물어볼 때)

ひとつ 하나	ふたつ 둘	みっつ 셋	よっつ 넷	いつつ 다섯
むっつ 여섯	ななつ 일곱	やっつ 여덟	ここのつ 아홉	とお 열

・なんこ (何個 : 몇 개)

いっこ 한개	にこ 두개	さんこ 세개	よんこ 네개	ごこ 다섯개
ろっこ 여섯개	ななこ 일곱개	はっこ 여덟개	きゅうこ 아홉개	じゅっこ 열개

・なんぼん (何本 : 몇 병, 몇 자루 / 모양이 긴 물건을 셀 때)

いっぽん 1本	にほん 2本	さんぼん 3本	よんほん 4本	ごほん 5本
ろっぽん 6本	ななほん 7本	はっぽん 8本	きゅうほん 9本	じゅっぽん 10本

・なんまい (何枚 : 몇 장)

いちまい 1枚	にまい 2枚	さんまい 3枚	よんまい 4枚	ごまい 5枚
ろくまい 6枚	ななまい 7枚	はちまい 8枚	きゅうまい 9枚	じゅうまい 10枚

(2) 사람 세기

・なんにん (何人[なんにん] : 몇 명)

ひとり 1人	ふたり 2人	さんにん 3人	よにん 4人	ごにん 5人
ろくにん 6人	しちにん 7人	はちにん 8人	きゅうにん 9人	じゅうにん 10人

・なんめいさま (何名様[なんめいさま] : 몇 분)

いちめいさま 1名様	にめいさま 2名様	さんめいさま 3名様	よんめいさま 4名様	ごめいさま 5名様
ろくめいさま 6名様	ななめいさま 7名様	はちめいさま 8名様	きゅうめいさま 9名様	じゅうめいさま 10名様

(3) 나이 세기

・なんさい (何歳[なんさい] : 몇 살)

いっさい 1歳	にさい 2歳	さんさい 3歳	よんさい 4歳	ごさい 5歳
ろくさい 6歳	ななさい 7歳	はっさい 8歳	きゅうさい 9歳	じゅっさい 10歳

じゅういっさい 11歳	はたち 20歳	さんじゅっさい 30歳	よんじゅっさい 40歳	ごじゅっさい 50歳
ろくじゅっさい 60歳	ななじゅっさい 70歳	はちじゅっさい 80歳	きゅうじゅっさい 90歳	ひゃくさい 100歳

정답

● 잘 듣고 써 봅시다. 14p

(1) あい　(2) いえ　(3) うえ
(4) した　(5) あか　(6) こえ
(7) あさ　(8) ざせき　(9) すこし
(10) そこ　(11) たかい　(12) つき
(13) ちち　(14) はは　(15) かね
(16) やま　(17) ふね　(18) め
(19) うみ　(20) もち　(21) よやく
(22) ごご　(23) くるまいす
(24) かんぱい　(25) てんぷら

● 잘 듣고 올바른 글자를 넣어 봅시다. 18p

(1) フライト　(2) ワイン　(3) ナンバー
(4) ソウル　(5) シートベルト
(6) チキン　(7) アップル　(8) コンビニ
(9) バイト　(10) アニメ

unit 1　연습문제　30p

01 いらっしゃいませ。
02 ご搭乗(とうじょう) ありがとうございます。
03 ご搭乗券(とうじょうけん)を おねがいします。
04 何番(なんばん)ですか。
05 こちらへ どうぞ。
06 奥(おく)へ どうぞ。
07 お二階(にかい)へ どうぞ。

unit 2　연습문제　38p

01 お客(きゃく)さまの お荷物(にもつ)ですか。
02 おそれいりますが、こちらは 非常口(ひじょうぐち)です。
03 お荷物(にもつ)は こちらに おねがいいたします。
04 お手洗(てあら)いは どこですか。
05 お手洗(てあら)いは あちらです。
06 ご案内(あんない)いたします。
07 これは お客(きゃく)さまのですか。

unit 3　연습문제　46p

01 お客(きゃく)さま、ご搭乗(とうじょう) ありがとうございます。
02 私は 乗務員(じょうむいん) 〇〇〇と もうします。
03 よろしく おねがいいたします。
04 こちらこそ どうぞ よろしく おねがいいたします。
05 ごようの さいは ご遠慮(えんりょ)なく お知(し)らせください。
06 あなたは 日本人(にほんじん)ですか。
07 わたしは 韓国人(かんこくじん)です。

unit 4　연습문제　54p

01 国内線(こくないせん)には 新聞(しんぶん)の サービス(さーびす)が ございません。
02 もうしわけございません。
03 日本語(にほんご)の 機内誌(きないし)は ございますが、いかがですか。
04 日本(にほん)の 新聞(しんぶん)が ございません。

05 はい、かしこまりました。

06 お客さま、お待たせいたしました。

07 お客さま、毛布でございます。

unit 5 연습문제 62p

01 まもなく 離陸いたします。

02 シートベルトを おしめください。

03 携帯電話は フライトモードに お切り替えください。

04 お座席を もとの 位置に お戻しください。

05 お荷物は お座席の 下に お置きください。

06 ブラインドを お開けください。

07 お客さま、お座席に お付きください。

unit 6 연습문제 70p

01 お客さま、おのみものは いかがですか。

02 ジュース、コーラ、お水、お茶と コーヒーが ございます。

03 何に なさいますか。

04 熱いので ご注意ください。

05 お客さま、おすみでございますか。

06 他に ご必要な ものは ございませんか。

07 おさげいたします。

unit 7 연습문제 78p

01 どうも ありがとうございました。

02 どうぞ 楽しい ご旅行を。

03 おつかれさまでございました。

04 また お会いいたします。

05 いって いらっしゃいませ。

06 さようなら。

07 どうぞ お気を つけて。

정답

● クロスワード・パズル 84p

			あ	り	が	と	う			お	に	も	つ		お
			ち			う					ほ				に
			ら			じ	ょ	う	む	い	ん				か
						よ					ご	あ	ん	な	い
			お	は	よ	う									
			ざ			け	い	た	い	で	ん	わ			
			せ			ん			ら						
ひ	こ	う	き						っ			こ			
じ									し	ん	ぶ	ん			
ょ							い	し	ゃ			に			
う									い			ち			
ぐ				お	き	ゃ	く	さ	ま			は			
ち									せ						

unit 8 연습문제 90p

01 いらっしゃいませ。こんにちは。

02 何番(なんばん)ですか。

03 お客(きゃく)さま、保安(ほあん)の ため ご搭乗券(とうじょうけん)を お見(み)せください。

04 安全(あんぜん)の ため お荷物(にもつ)は 上(うえ)の 棚(たな)に お願(ねが)いいたします。

05 すこし お待(ま)ちください。

06 こちらに スペース(すぺーす)が ございます。

07 お降(お)りの さいは どうぞ お忘(わす)れなく。

unit 9 연습문제 98p

01 お客(きゃく)さま、赤(あか)ちゃんの ベッドを ご用意(ようい)いたします。

02 まくらと 毛布(もうふ)でございます。

03 飛行機(ひこうき)が 揺(ゆ)れる さいには 赤(あか)ちゃんを だいてください。

04 しつれいします。お子(こ)さまの プレゼント(ぷれぜんと)です。

05 こんにちは、しんちゃん。プレゼント(ぷれぜんと)ですよ。

06 リモコン(りもこん)と モニター(もにたー)に さわらないで すこし お待(ま)ちください。

07 いまは いかがですか。

unit 10 연습문제 106p

01 お客(きゃく)さま、お食事(しょくじ)でございます。

02 お食事(しょくじ)は ビビンバ(びびんば)と チキン(ちきん)、お魚(さかな)がございます。

03 どちらに なさいますか。

04 こちらは わかめスープ(すーぷ)でございます。

05 熱(あつ)いので ご注意(ちゅうい)ください。

06 もうしわけございません。ビビンバ(びびんば)は 全部(ぜんぶ) 出(で)てしまいました。

07 お魚(さかな)か チキン(ちきん)は いかがですか。

unit 11 연습문제 114p

01 ワイン(わいん)は いかがですか。

02 赤(あか)ワイン(わいん)と 白(しろ)ワイン(わいん)が ございます。

03 紅茶(こうちゃ)と お茶(ちゃ)が ございます。

04 熱(あつ)いので お気(き)を つけください。

05 ティーバック(てぃーばっく)を どうぞ。

06 お砂糖(さとう)と レモン(れもん)は いかがですか。

07 お客(きゃく)さま、おかわりは いかがですか。

unit 12 연습문제 122p

01 韓国まで いらっしゃいますか。

02 税関申告書 ご必要ですか。

03 申告するものが なければ けっこうです。

04 申告するものが なくても 必ず ご必要です。

05 税関申告書は ご家族に 一枚です。

06 お客さま、乗り継ぎですか。

07 では、けっこうです。

unit 13 연습문제 130p

01 免税品の 機内販売でございます。

02 ご注文は ございませんか。

03 キャッシュですか、カードですか。

04 お客さま、カード お預かりいたします。

05 こちらに 英語で お名前と サインを おねがいいたします。

06 カードと レシートでございます。

07 こちらの 案内書を ご覧ください。

08 おつりでございます。

09 この 区間では こちらの アイテムだけ ございます。

unit 14 연습문제 138p

01 すみません。今、何時ですか。

02 ソウルは 今 午前 8時 半です。

03 東京は 今 午後 4時です。

04 ロサンゼルスと 東京の 時差は １７時間です。

05 ソウルから 東京までの 飛行時間は 2時間です。

06 あと ３０分 後に 到着いたします。

07 どういたしまして。

unit 15 연습문제 146p

01 お客さま、大丈夫ですか。

02 薬の アレルギーは ございませんか。

03 すぐ お持ちいたします。

04 どうぞ お大事に。

05 こんにちは。お名前は。

06 いくつですか。

07 またね。

단어

기내 시설 & 장비

飛行機（ひこうき） 비행기

お座席（おざせき） 좌석

禁煙席 （きんえんせき） 금연석

お手洗い（おてあらい），トイレ（といれ） 화장실

非常口（ひじょうぐち） 비상구

機内（きない） 기내

シートベルト（しーとべると） 좌석벨트

テーブル（てーぶる） 테이블

アームレスト（あーむれすと） 팔걸이

フットレスト（ふっとれすと） 발받침대

ブラインド（ぶらいんど） 창문덮개

フライト モード（ふらいと もーど） 비행모드

上の 棚（うえの たな） 선반(overhead bin)

階段（かいだん） 계단

コートルーム（こーと るーむ） 코트룸

元の 位置（もとの いち） 제자리

지시대명사

これ 이것

それ 그것

あれ 저것

どれ 어느것

この 이

その 그

あの 저

どの 어느

ここ 여기

そこ 거기

あそこ 저기

どこ 어디

こんな 이런

そんな 그런

あんな 저런

どんな 어떤

こちら 이쪽

そちら 그쪽

あちら 저쪽

どちら 어느쪽

좌석위치 안내

前（まえ） 앞

後ろ（うしろ） 뒤

窓側（まどがわ） 창가쪽

通路側（つうろがわ） 통로쪽

真ん中（まんなか） 한가운데

奥（おく） 안, 속

左側（ひだりがわ） 왼쪽

右側（みぎがわ） 오른쪽

向かい側（むかいがわ） 건너편

お二階（おにかい） 이층

上（うえ） 위

下（した） 아래

中（なか） 안

外（そと） 밖

隣（となり） 옆

間（あいだ） 사이

COLD BEVERAGE

お飲物（おのみもの） 음료

オレンジジュース（おれんじじゅーす） 오렌지주스

みかんジュース（みかんじゅーす） 감귤주스

パイナップルジュース（ぱいなっぷるじゅーす） 파인애플주스

グアバジュース（グアバじゅーす） 구아바주스

トマトジュース（とまとじゅーす） 토마토주스

アップルジュース / りんごジュース 애플주스 / 사과주스

アロエジュース（あろえじゅーす） 알로에주스

コーラ（こーら） 콜라

サイダー（さいだー） 사이다

セブンアップ（せぶんあっぷ） 세븐업

冷たい お茶（つめたい おちゃ） 차가운녹차

トウモロコシの お茶（とうもろこしの おちゃ） 옥수수차

お水（おみず） 물

ミネラルウォーター（みねらるうぉーたー） 미네랄워터

お冷（おひや） 찬물, 냉수

氷（こおり） 얼음

氷水（こおりみず） 얼음물

牛乳（ぎゅうにゅう） / ミルク（みるく） 우유 / 밀크

ALCOHOLIC BEVERAGE

お酒（おさけ） 술

ビール（びーる） 맥주(beer)

赤ワイン（あかわいん） 레드와인(red wine)

白ワイン（しろわいん） 화이트와인(white wine)

ウィスキー（うぃすきー） 위스키(whisky)

水割り（みずわり） 위스키 워터(whisky warter)

オンザロック 온 더 락(on the rock)

ブランデー（ぶらんでー） 브랜디(brandy)

マッコリ（まっこり） 막걸리

カクテル（かくてる） 칵테일(cocktail)

ウオッカ（うおっか） 보드카(vodka)

ジン（じん） 진(gin)

MEAL

お食事（おしょくじ） 식사

ビーフ（びーふ） 소고기(beef)

ステーキ（すてーき） 스테이크(steak)

焼肉（やきにく） 불고기

お魚（おさかな） 생선

단어

チキン（ちきん） 치킨(chicken)

シーフード（しーふーど） 해산물(seafood)

ビビンバ（びびんば） 비빔밥

ビビン麺（びびんめん） 비빔면

ごま油（ごまあぶら） 참기름

わかめスープ（わかめすーぷ） 미역국

みそ汁（みそしる） 된장국

ご飯（ごはん） 밥

サムパプ（さむぱぷ） 쌈밥

サムジャン（さむじゃん） 쌈장

ラーメン（らーめん） 라면

ライスヌードル（らいすぬーどる） 쌀국수

BREAKFAST

オムレツ（おむれつ） 오믈렛(omelet)

スクランブル エッグ（すくらんぶる えっぐ） 스크램블 에그(scrambled egg)

クレープ（くれーぷ） 크레페(crepe)

キッシュ（きっしゅ） 키슈(quiche)

ラザニア（らざにあ） 라자냐(lasagna)

果物（くだもの）/ フルーツ（ふるーつ） 과일(fruits)

お粥（おかゆ） 죽

パン（ぱん） 빵

クロワッサン（くろわっさん） 크로와상(croissant)

お塩（おしお） 소금

こしょう 후추

SNACK

おつまみ 안주

ピーナッツ（ぴーなっつ） 땅콩(peanuts)

サンドイッチ（さんどいっち） 샌드위치(sandwich)

おにぎり 주먹밥

ピザ（ぴざ） 피자(pizza)

カップラーメン（かっぷらーめん） 컵라면

お菓子（おかし） 과자

おかわり 리필(refill)

SERVICE ITEM

毛布（もうふ）/ ひざかけ 담요

枕（まくら） 베개

おしぼり 물수건

お手ふき（おてふき） 1회용 물수건

案内書（あんないしょ） 안내서

映画（えいが） 영화

신문 & 잡지

新聞（しんぶん） 신문

朝日（あさひ） 아사히

毎日（まいにち） 마이니치

読売（よみうり）	요미우리
中日（ちゅうにち）	츄우니치
経済新聞（けいざいしんぶん）	경제신문
日経（にっけい）	닛케이(일본경제신문)
産経（さんけい）	산케이(산업경제신문)
スポーツ新聞（すぽーつしんぶん）	스포츠 신문
休刊（きゅうかん）	휴간
雑誌（ざっし）	잡지

사람

お客さま（おきゃくさま）	손님
乗務員（じょうむいん）	승무원
お子様（おこさま）	자제분('어린이 승객'의 존칭)
赤ちゃん（あかちゃん）	아기
グループ（ぐるーぷ）	단체
ご家族（ごかぞく）	가족
お医者さま（おいしゃさま）	의사선생님
看護師さん（かんごしさん）	간호사
韓国人（かんこくじん）	한국인
日本人（にほんじん）	일본인

BABY ITEM & CHILD GIVEAWAY

赤ちゃんの ベッド（あかちゃんの べっど）	아기침대(baby bassinet)
お土産（おみやげ）	기념품, 선물
おしめ	기저귀
ベイビーミール（べいびー みーる）	유아 특별식(baby meal)
離乳食（りにゅうしょく） / ベビー フード（べびー ふーど）	이유식
チャイルド ミール（ちゃいるど みーる）	어린이 특별식(child meal)
おもちゃ	장난감
ぬり絵（ぬりえ）	색칠공부
パズル ゲーム（ぱずる げーむ）	퍼즐 게임(puzzle game)
シール（しーる）	스티커(seal)

기내판매

免税品（めんぜいひん）	면세품
機内販売（きないはんばい）	기내판매
ご注文（ごちゅうもん）	주문
お金（おかね）	돈
おつり	거스름돈
細かい お金（こまかい おかね）	잔돈
計算（けいさん）	계산
ウォン（うぉん）	원(우리나라 화폐 단위)
円（えん）	엔(일본 화폐단위)
ドル（どる）	달러(미국 화폐단위)
ユアン（ゆあん）	위안(중국 화폐단위)
ユーロ（ゆーろ）	유로(유럽연합 화폐단위)

단어

キャッシュ（きゃっしゅ） 현금(cash)

クレジットカード（くれじっとかーど） 신용카드(credit card)

レシート（れしーと） / 領収書（りょうしゅうしょ） 영수증

サイン（さいん） / 署名（しょめい） 사인/서명

全部で（ぜんぶで） 전부 다 해서

いくら 얼마

区間（くかん） 구간

アイテム（あいてむ） 아이템

口紅（くちべに） 립스틱

香水（こうすい） 향수

チョコレート（ちょこれーと） 초콜릿

予約注文書（よやくちゅうもんしょ） 예약주문서

お帰りの便（おかえりのびん） 귀국편

입국서류

入国書類（にゅうこくしょるい） 입국서류

入国カード（にゅうこくかーど） 입국카드

税関申告書（ぜいかんしんこくしょ） 세관신고서

乗り継ぎ（のりつぎ） 환승

ご必要です（ごひつようです） 필요합니다

けっこうです 필요 없습니다

お名前（おなまえ） 이름

生年月日（せいねんがっぴ） 생년월일

パスポート ナンバー（ぱすぽーと なんばー） 여권번호

お仕事（お仕事） / 職業（しょくぎょう） 직업

旅行目的（りょこうもくてき） 여행목적

ツアー（つあー） / 観光（かんこう） 투어/관광

ビジネス（びじねす） 사업(business)

フライト ナンバー（ふらいと なんばー） 비행 편명(fligh number)

ご住所（ごじゅうしょ） 주소

電話番号（でんわばんごう） 전화번호

携帯電話（けいたいでんわ） 휴대 전화

検疫申告書（けんえきしんこくしょ） 검역신고서

エスタ（えすた） ESTA(미국의 전자여행허가제)

환자응대

痛い（いたい） 아프다

頭（あたま） 머리

お腹（おなか） 배

耳（みみ） 귀

胃（い） 위

歯（は） 이, 치아

悪い（わるい） 나쁘다

気持ち（きもち） 기분

顔色（かおいろ） 안색

熱（ねつ） 열

体温計（たいおんけい） 체온계

風邪（かぜ） 감기
下痢（げり） 설사
持病（じびょう） 지병
心臓病（しんぞうびょう） 심장병
糖尿病（とうにょうびょう） 당뇨병
タイレノール（たいれのーる） 타이레놀(tylenol)
正露丸（せいろがん） 정로환
1錠（いちじょう） 1알(1정)
バンドエイド（ばんどえいど） 반창고
/ 絆創膏（ばんそうこう）

날짜

今日（きょう） 오늘
明日（あした） 내일
あさって 모레
昨日（きのう） 어제
おととい 그제

시간

時間（じかん） 시간
飛行時間（ひこうじかん） 비행시간
時差（じさ） 시차
ただいま 이제 막, 곧
まもなく 곧, 머지않아
午前（ごぜん） 오전
午後（ごご） 오후
現地時間（げんちじかん） 현지시간
出発時間（しゅっぱつじかん） 출발시간
到着時間（とうちゃくじかん） 도착시간

날씨

天気（てんき） 날씨
晴れ（はれ） 맑음
曇り（くもり） 흐림(구름)
雨（あめ） 비
霧（きり） 안개
風（かぜ） 바람
雪（ゆき） 눈
台風（たいふう） 태풍

육하원칙

だれ 누가
いつ 언제
どこ 어디
なに（なん） 무엇
なぜ（なんで） / どうして 왜
どう 어떻게

기타

ご搭乗券（ごとうじょうけん） 탑승권
ボーディング パス（ぼーでぃんぐ ぱす） 보딩패스(boarding pass)

단어

チケット（ちけっと）	티켓(ticket)
お荷物（おにもつ）	짐
眼鏡（めがね）	안경
機内誌（きないし）	기내지
予定（よてい）	예정
禁煙（きんえん）	금연
ご協力（ごきょうりょく）	협력
日本語（にほんご）	일본어

초판발행	2017년 3월 10일
1판 4쇄	2020년 2월 28일
개정 2쇄	2023년 11월 30일
저자	김정현, 시미즈 리카
편집	김성은, 조은형, 오은정, 무라야마 토시오
펴낸이	엄태상
디자인	이건화
조판	김성은
콘텐츠 제작	김선웅, 장형진
마케팅	이승욱, 왕성석, 노원준, 조성민, 이선민
경영기획	조성근, 최성훈, 김다미, 최수진, 오희연
물류	정종진, 윤덕현, 신승진, 구윤주
펴낸곳	시사일본어사(시사북스)
주소	서울시 종로구 자하문로 300 시사빌딩
주문 및 교재 문의	1588-1582
팩스	0502-989-9592
홈페이지	www.sisabooks.com
이메일	book_japanese@sisadream.com
등록일자	1977년 12월 24일
등록번호	제 300-2014-92호

ISBN 978-89-402-9351-5 (13730)